Paul Vogt

Die Ortsnamen auf -scheid und -auel (ohl)

Ein Beitrag zur Geschichte der fränkischen Wanderungen und Siedelungen

Paul Vogt

Die Ortsnamen auf -scheid und -auel (ohl)
Ein Beitrag zur Geschichte der fränkischen Wanderungen und Siedelungen

ISBN/EAN: 9783743400146

Hergestellt in Europa, USA, Kanada, Australien, Japan

Cover: Foto ©ninafisch / pixelio.de

Manufactured and distributed by brebook publishing software (www.brebook.com)

Paul Vogt

Die Ortsnamen auf -scheid und -auel (ohl)

Kgl. Gymnasium mit Realprogymnasium NEUWIED.

Wissenschaftliche Beilage
zum XVIII. Jahresberichte
Ostern 1895.

Die
Ortsnamen auf -scheid und -auel (ohl).

Ein Beitrag zur Geschichte
der
fränkischen Wanderungen und Siedelungen
von
Prof. Dr. Paul Vogt.

NEUWIED, 1895.
Louis Heuser's Buchdruckerei.

Einleitung.

Die folgende Untersuchung nimmt einige Aeufserungen Ernst Förstemanns in seinem klassischen Buche: die deutschen Ortsnamen, zum Ausgangspunkte. Er sagt dort S. 40: „...Bergrücken bilden die klarsten Wasserscheiden. Und in der That finden wir sowohl diesen Begriff als auch speziell das Wort Scheide in den Ortsnamen wieder. Helmonscede, Hernalscede, Richinsceit und andre Namen zeigen sich vom sec. 8 ab, das einfache Sceide als Ortsname sec. 11. Viele heutigen Oerter, wie Lüdenscheid, Remscheid und die einfachen Scheid, Scheide, Scheidt lassen sich mit leichter Mühe sammeln. Dafs hier wirklich die Bedeutung von Wasserscheide zu Grunde liegt, bezeugt eine Ueberlieferung aus sec. 11, worin ein Ort Sceit in Niederösterreich wirklich durch dorsum tumentis terrae übersetzt wird. Die genauere Kenntnis der Lage solcher Oerter erhebt diese Ansicht in einzelnen Fällen zur Gewifsheit. So liegen die beiden Oerter Lichtenscheid oder Lischeid in Hessen und in Westfalen ganz an der Wasserscheide von Weser- und Rheingebiet; in Hessen heifsen viele Bergrücken der oder das Scheid; so liegt Lennscheid und Nettenscheid an der Wasserscheide der Lenne und der Nette. Trotz alle dem mag auch -scheid zuweilen den verwandten Begriff einer politischen, nicht natürlichen Grenzscheide haben, doch glaube ich kaum, dafs das sehr oft der Fall sein wird. — Burtscheid (alt Burcithum) halte ich für ganz undeutsch und glaube, dafs es nur durch Volksetymologie hierher gezogen ist; dasselbe mag bei einigen andern Namen der Fall sein, doch trübt das im ganzen die Deutschheit dieser Namenklasse nicht."

Und auf S. 277 desselben Buches heifst es: „Während der im Vorhergehenden besprochene Völkerzug den Rhein in der Gegend von Köln oder Düsseldorf überschreitet, giebt es eine in Bezug auf ihre Herkunft sehr dunkle Gruppe von Ortsnamen, deren Mittelpunkt mehr im Mittelrhein, etwa im Regierungsbezirk

Koblenz liegt. Ihr scheinen namentlich die Bildungen auf auel (ohl), scheid, dries (driesch) und sachsen eigentümlich zu sein.

Jenes auel (ohl, euel) hat sein Zentrum in den Regierungsbezirken Arnsberg, Köln, Aachen, ist im Norden nur wenig in Düsseldorf, im Süden nur wenig in Trier und Koblenz zu Hause und erscheint nur etwa dreimal in Nassau. Ein Auel im badischen Oberrheinkreise ist ein ganz verlorner Posten. Die Namen auf -scheid bilden eine kompakte Masse in den Bezirken von Arnsberg, Düsseldorf, Köln, Koblenz, Aachen, Trier (nebst Birkenfeld), Nassau und Luxenburg. In den um diese Gegenden herumliegenden Gebieten ist gleich rasche Abnahme zu bemerken. — Sonst erscheint dieses Grundwort ganz vereinzelt, in den östlichen Kolonialländern und in Süddeutschland, doch findet sich in letzterem die spezielle Bildung Gescheid in mannigfacher Orthographie nicht selten. Aus Holstein sind noch bemerkenswert zwei Feldscheide, fünf Landscheide und ein Volkenscheid, welche indessen noch halb für Appellativa zu halten sind."

Nach einigen Bemerkungen über die Namen auf dries und sachsen schliefst er mit den Worten: „Ich verlasse diese rätselhaften Namengruppen, zu welchen noch neues Beleuchtungsmaterial hinzugeführt werden mufs."

Es wird im nachfolgenden versucht werden, neues Beleuchtungsmaterial hinzuzuführen und dadurch dem Rätsel dieser Namengruppen auf die Spur zu kommen. Dabei wird sich herausstellen, dafs der Altmeister Förstemann überall bereits die richtigen Fährten gefunden hat; nur in Nebendingen müssen Berichtigungen eintreten. Doch liefsen sich die Namen auf -dries und -sachsen mit denen auf -scheid und -auel nicht in einer Gruppe zusammenfassen und werden daher von der Untersuchung ausgeschlossen.

Eine ganz leichte Mühe, wie Förstemann meint, die Namen auf scheid zu sammeln und zu sichten, war es übrigens doch nicht. Als Hilfsmittel diente in erster Linie die deutsche Generalstabskarte von 1:100 000 resp. 80000; sodann das Ortslexikon von Deutschland von H. Rudolph. Für Nassau diente mir das Nassauische Namenbuch von Joseph Kehrein. Die älteren Namen entstammen aufser Förstemanns Deutschem Namenbuch, für Nassau ebenfalls Kehrein, für Hessen Arnold, Wanderungen und Siedelungen deutscher Stämme, für die übrige Rheinprovinz den Urkundensammlungen von Lacomblet, Beyer, Görz und Günther, für Westfalen denen von Seibertz und Ehrhard. (Siehe Vorbem. vor dem alphab. Verzeichnis).

I.

Die verschiedenen Arten der Namen auf -scheid.

Die Wurzel des Verbums „scheiden" kommt als „scheide" oder „scheid" in Ortsnamen sowohl als Bestimmungs-, wie als Stammwort vor. Betrachten wir zunächst den ersten Fall etwas näher.

a) „scheid" als Bestimmungswort.

Die Bajuvaren schreiben meist schaid(e), daneben scheid(e) und manchmal auch schied; in Mittel- und Niederdeutschland herrscht scheid(e) und in Niederdeutschland findet sich einzeln auch schede. So findet sich Schaidacker in der Pfalz, Schaidbach in Oberösterreich und in Tirol, Scheidbachertobel in Tirol, Schaidberg in Salzburg, Schaideck 2mal in Oberbayern und ebenda Schaidegg; Schaidering in Oberbayern, Schaitdorf in der Oberpfalz, Schaidham d. i. Scheidheim 4 mal in Niederbayern, Schaidlach in Oberbayern, Schaidmoos 2mal in Salzburg und ebenda Schaidmoosbichl: Schaidmühle in Niederösterreich; Schaidbach zwischen Simmer- und Hahnenbach im Soonwald; Scheidbitz als Flurname im Amte Walmerod im Westerwald; Scheidebach 2mal im Königreich Sachsen; Scheidberg in Westpreufsen; Scheidebaum in Schleswig-Holstein; Scheideck 3mal in Oberbayern, 2 mal in der Schweiz; Scheidecker (so heifst der Bauer, der auf der Scheidek wohnt) je 1 mal im Ober- und im Unterelsafs; Scheidegg in Bayrisch-Schwaben; Scheideholz bei Haarburg in Hannover; Scheidekathe 7 mal in Schleswig-Holstein; Scheidekoppel ebenda, und Scheidekrug 2mal ebenda; Scheidemühle in Oberhessen und im Königreich Sachsen; Scheidepfahl in Schleswig-Holstein; Scheideweg bei Schwelm, nördlich der Wupper bei Barmen; und bei Hückeswagen an der obern Wupper; Scheidewinkel in Schlesien; Scheidfeld, häufiger Flurname in Nassau; Scheidfurt, Flurname im Amte Walmerod im Westerwald; Scheidgarten, Flurname im Amte Dillenburg im Westerwald; Scheidgraben, mehrfach als Flurname in Nassau; Scheidham gleich Scheidheim, 4 mal in Niederbayern; Scheidheck, 2 mal Flurname in Nassau; Scheidheg, Flurname im Amte Dillenburg; Scheidhof, in Hessen, in Luxenburg, und zwischen Bröl und Agger bei Much; Scheidhölzchen im Amte Selters im Westerwald; Scheiditz mit slavischer Endung gleich Scheidheim in Sachsen-Altenburg; Scheidlach, Flurname im Amte Höchst (Nassau); Scheidlehen in Niederbayern; Scheidmauer, 2 mal Flurname in Nassau; Scheidmühle bei Aachen und in Unterfranken; Scheidseifen, Flurname im Amte Montabaur; Scheidseit, Flurname im Amte Herborn; Scheidwald unterhalb Merzig an der Saar; Scheidwasser, Flurname im Amte Dillenburg; Scheidweg, mehrfacher Flurname in Nassau; ebenso Scheidwies; Scheidweiler, Ober- und Nieder-, östlich der Lieser (Eifel); hierher gehören auch die mit dem rheinischen „s‘ gebildeten; Scheidsbach zwischen Sieg und Rhein; Scheidsberg, Flurname im Amte Weilburg an der Lahn; Scheidsbergerfeld, Flurname im Amte Montabaur; Scheidsborn, Flurname ebenda; Scheidseck, Flurname im Amte Selters; Scheidskopf, Flurname im Amte Braubach und Dillenburg; Scheidsmühle bei Saarlouis; Scheidwies, Flurname im Amte Selters im Westerwald, dazu in Oberbayern ein Scheidsöd; Scheitert im Quellgebiet des Olefbachs in der Eifel ist vielleicht gleich Scheiderod(?).

Schedeberg findet sich 2 mal in Schleswig - Holstein; Schederaign in Niederbayern.

Schiedbichl gleich mitteldeutschem Scheidbühel in Oberbayern und Schiedhörn 2 mal in Schleswig-Holstein.

Seltener zeigt sich als erster Teil der Zusammensetzung „scheiden". So in Schaidenberg in Oberösterreich; Schaidenhausen in Oberbayern; Schedenberg ebenda; Scheidenbach 2 mal im Königreich Sachsen; Scheidenhof in Steiermark; Scheidenthal in Baden; Scheidenweiler im Bayrischen Schwaben; Schiedenberg bei Wolfach in Baden und Schiedenhohlweg in Schleswig-Holstein;

Das Deminutiv Scheidchen erscheint in Scheidcheswald, Flurname im Amte Weilburg a. Lahn; die andere Deminutivform auf -l erscheint in Scheidelbaum, Flurname im Amte Dillenburg; Scheidelberg in Pommern; Scheideldorf in Niederöstreich; Scheidelhöfe in Pommern; Scheidelwitz in Schlesien; Scheidelberg in Oberöstreich. Die Bedeutung aller dieser Namen ist selbstverständlich;

gemeint ist ein scheidender Bach, ein scheidendes Feld, ein scheidender Wald u. s. w. Etwas anders verhält es sich mit den Namen, deren erster Bestandteil „Scheider" lautet. Es sind mir folgende bekannt: **Scheiderberg**, Flurname im Amte St. Goarshausen; **Scheiderbruch** an der Dhün bei Mühlheim am Rhein; **Scheiderfeld** nördlich der Wupper bei Solingen; ebenso zwei Flurnamen im Amte Runkel und Weilburg a. Lahn; **Scheiderhöhe** zwischen Agger und Sülze bei Altenhonrath; **Scheiderhof** bei Gondorf a. Mosel und bei Olpe a. Bigge; **Scheiderirlen**, nördlich der Wupper bei Solingen; **Scheiderlei**, Flurname im Amte Wehen im südlichen Nassau; ebenda **Scheiderloch**; **Scheidermühle** nördlich der Wupper bei Solingen; **Scheiderwald** an der Bigge bei Olpe und ein Flurname im Amte Wehen; **Scheiderweg**, Flurname im Amte Weilburg a. Lahn; **Schederberg**, südöstlich von Meschede an der Ruhr; ferner der **Scheidterberg**, **Scheidterhammer**, **Scheidterhütten** und **Scheidtermühle**, alle bei Saarbrücken; endlich **Schiederberg** in Oberbayern und **Schiederhof** in der Oberpfalz. Diese Namen sind offenbar ganz jungen Ursprungs. Sie sind von dem Ortsnamen Scheid, Scheidt oder Schied mit -er gebildet, wie etwa Remscheider Mühle, Barmer Wasserwerk, Kölner Hafen. Eine besondere Gruppe bilden ferner die mit dem bayrischen Gescheid oder Gschaid zusammengesetzten Namen. Ich nenne **Gschaidbühel** in Niederbayern; **Gschaidhof**, 2 mal in Baden, **Gscheidviertel** in Steiermark. In der Bedeutung bieten sie nichts Besonderes.

b) „Scheid" als Grundwort.

1. Das fem. „die Scheide".

Das Simplex erscheint als Ortsname **Scheide** einmal in Schleswig-Holstein und 1 mal in Pommern; ferner findet sich „**in der Schaid**" 2mal in Oberösterreich; **Schede** zwischen Ennepe und Ruhr; **Scheda** südlich vom Ebbegebirge; ferner nördlich von Iserlohn und **Kloster-Scheda** bei Station Wickede an der Ruhr; **Scheida** 2 mal in Kärnthen und 1143 an der Mosel; **Schida** in Niederbayern; **Schieda** in Bayrisch-Schwaben; **auf der Schieda** 3 mal in Oberfranken, 1 mal in Kärnthen. Ferner findet sich **Scheiden** am westlichen Abhang des Hochwalds und an der Urft (Eifel); ein undeutlicher Name **Scheidens** in der Provinz Sachsen; **Scheden** bei Hannöversch-Minden.

Von zusammengesetzten Namen gehören hierher: **Fallscheide** in Hannover; **Feldscheide**, 6mal in Schleswig-Holstein; vielleicht auch **Feldscheid** in Niederbayern; und der in Nassau mehrfach vorkommende Flurname **Flurscheid, Florscheid, Gartenscheid, Markscheid; Landscheide** 4mal in Schleswig-Holstein; **Selscheide** an der Dhün, **Viehscheide** in Tirol, **Nordscheide** 2mal und **Westscheide** 1mal in Schleswig-Holstein; **Wegscheide** in Steiermark, **Wegscheiden** (wohl Dativ = an der Wegscheiden) 2mal in Kärnthen, 3mal in Steiermark, 1mal in Tirol; dazu **Wegscheider** in Böhmen, **Wegscheidhäusl** in Oberöstreich, **Wegscheidmühle** in Salzburg; **Wegscheid** (mit stummem e am Ende) bei Kirchen a. Sieg, 4mal in Oberbayern, 3mal in Niederbayern, 1mal in Bayrisch-Schwaben, 4mal in Oberösterreich, 5mal in Niederösterreich, 3mal in Salzburg, 3mal in Steiermark, 4mal in Tirol und 3mal als Flurname in Nassau; **Wegescheid** bei Gummersbach an einer Wegescheide im Walde; auch **Wasserscheid** in Tirol gehört wohl hierher; ob auch **Wetterscheidt** bei Naumburg a. Saale?

Ferner findet sich eine Weiterbildung auf -ing, -ung und -ungen in **Schaiding** in Oberöstreich und Oberbayern; **Scheidingen** zwischen Soest und Werl, nördlich der Ruhr; ebenso lautet ein Flurname im Amte Marienberg (Westerwald); **Scheidung** in Oldenburg, **auf der Scheidung** bei Schwelm (Barmen), **Burg- und Kirchscheidungen** bei Querfurt in der Provinz Sachsen; **Schiedungen** bei Erfurt in der Provinz Sachsen; endlich **Landscheidung** in Schleswig-Holstein.

2) Das neutrum „das Gescheid".

Als Simplex findet es sich als **Geschaid** in Mittelfranken; **Geschaid** 2mal in Baden; **Gschaid** 8mal in Niederbayern, 2mal in Steiermark, 4mal in Oberösterreich und 2mal in Niederösterreich; **Gschaidt** 2mal in Niederbayern; **Gsched** in Niederbayern, **Gscheid** ebenda. Ferner findet sich im 10Jhd. **Meisen gesceid** unbekannter Lage; a. 980 **Rotagasceid**, am Rotten im alten Quinzingowe in Niederbayern und ebenda schon 890 **Smalagasceid**; a. 1046 **Spirgescheid** in der Pfalz; **Obergscheid** in Oberbayern und **Oberngescheid** in Oberösterreich und ebenda **Untergschaid**.

3) Das masc. „der Scheid".

Das masc. kommt in der lebenden Sprache als Simplex nicht mehr vor; wohl aber seine Komposita und zwar mit bemerkenswertem Vocalablaut, je nach der Betonung: der Entscheid, der Bescheid, aber der Abschied, der Unterschied. In dem Ortsnamen ist das Simplex der **Scheid** und seine Deminutiva **das Scheidel** und **das Scheidgen** noch ganz lebendig; noch zahlreicher sind seine Komposita. Ich habe rund 800 Ortsnamen gesammelt, welche dies masc. **scheid** enthalten. Geschrieben wird es jetzt überwiegend „-scheid", auf westfälischem Sprachgebiet finden sich eine Reihe von Namen auf „-schede" und südlich von Lahn und Mosel findet sich auch „-schied". Die älteren Formen zeigen diese Unterschiede nicht. Mehrfach erscheint die Form -schied erst in neuerer Zeit statt älteres -scheid. So heifst **Einschied** im Hochwald a. 1036 **Einsceiht**; **Espenschied** a. d. Wisper noch 1505 **Espenscheid**, **Lierschied** bei St. Goarshausen a. 879 **Liorscheid**, **Lindenschied** am Hunsrück a. 1312 **Lindenscheid**; **Ippenschied** am Soonwald a. 1341 **Yppenscheid**; **Wollmerschied** im 14. Jhd. **Wollmerscheid**; umgekehrt heifst **Tettscheid** a. d. Lieser 1761 **Texsceit** und der jetzige **Framscheiderwald** erscheint im 16. Jhd. als **Franschied** und **Fronschied**; das jetzige **Rabenscheid** im Westerwald heifst 1700 **Rabeschit**. Doch geht der Wechsel noch weiter. Das jetzige **Herscheid** s. vom Ebbegebirge heifst im 11. Jhd. **Hertsceido** und **Hiruthscetha**, im 12. Jhd. **Hertschet**, im 13. Jhd. **Hirzschit**, im 15. **Herschede**; **Hetterscheid** bei Velbert heifst im 9. Jhd. in **hestratescethe**, im 11. Jhd. **Etterscheide** und im 14. bereits **Hetterscheid**; das jetzige **Lenscheid** bei Glinge a. Lenne heifst a. 1313 in **Lenscide**. a. 1338 in **Lensched** und 1348 in **Lenschede**. Andere Beispiele des Wechsels zwischen scheid und schede findet man in dem alphabetischen Verzeichnis unter **Dürscheid**, **Eickenscheid**, **Lüdenscheid**, **Helmscheid**, **Hohenscheid**, **Scheda** und mehrern andern.

Gesprochen wird -scheid heute in Westfalen wie s-khāid, schede wie s-chede; im mittelfränkischen -scheid wie schīd, schēd und in mehrsilbigen Namen wie schd, z. B. lautet **Rabenscheid** im Volksmunde **Roweschd** und **Kommerscheid** in der Eifel **Kommerschd**; dagegen klingt an der Nahe -scheid wieder breiter, fast so wie schāid.

Regelmäfsig sollte der Vokal des Wortes im Westfälischen ein langes ē, im Fränkischen ei, und im Bayrischen ai sein; doch ist in den Kompositis in Folge der Tieftonigkeit oder bei mehrsilbigen Tonlosigkeit Verkürzung zu e und i oder gänzlicher Schwund des Vokals eingetreten. Die Form schede aber ist ein deutlicher

Dativ Sing., neben der auch -scheide auftritt. Das beweisen zum
Ueberflufs Namen wie „im Linschede" und „am Enschede". Es
waren eben früher wie heute, wie auch in vielen andern Ortsnamen, der Nom. und der Dativ promiscue im Gebrauch. Heute
zeigt sich der Nom. sehr deutlich in dem Namen unbewohnter Bergwälder, wie der Gelscheid bei Gummersbach, der grofse Grünscheid s. der Wupper, der Haberscheid in Waldeck, der Siebenscheid im Kreise Arnsberg; der Dativ erscheint in den Namen
im Linschede bei Dortmund, am Adelscheid bei Wülfrat, am
Enschede an der obersten Ruhr, am Grofsenscheid bei Hückeswagen, am Hohlenscheid bei Elberfeld, am Singscheid ebenda,
auf'm Elberscheid bei Elberfeld und auf'm Scheid mehrfach.
Dafs wir heutzutage nur noch auf westfälischem Boden Dativformen
mit -e (die Formen auf -schede) finden, erklärt sich daraus, dafs
der fränkische Dialekt das „e" am Ende überall wegwirft. Auch
alte Formen auf „a" wie Lindenesceida a. 1086, heute Lindenschied am Simmerbach (Soonwald), Richinsceita a. 1083 in
Niederösterreich, jetzt „am Reich;" Hiruthscetha im 11. Jhd.,
jetzt Herscheid am Ebbegebirge und mehrere andere sind wohl als
Dative Singularis zu fassen; während andre Formen, wie Pur-
gunscetin im 8. Jhd. und einige andre schwer zu beurteilen sind.

II.
Die geographische Verteilung der Namen auf -scheid.

Ihrer geographischen Verteilung nach bilden die Ortsnamen
auf -scheid zwei deutlich getrennte Gruppen. Zur ersten gehören
die Namen, in denen Scheid- Bestimmungswort ist und die, welche
zum Grundwort das feminum Scheide und das neutrum das Ge-
scheide haben. Ihnen stehen als zweite Gruppe die Namen gegenüber, welche zum Grundwort das masculinum der Scheid haben.

1. Gruppe.

Betrachtet man die geographische Verbreitung der ersten
Gruppe, so tritt zwar an die erste Stelle Nassau mit etwa 40 der
oben angeführten Namen, jedoch erklärt sich das aus dem speziellen
Grunde, dafs mir für Nassau nicht blos die Namen der bewohnten
Orte, sondern auch die Flurnamen zu Gebote standen; zieht man
die Flurnamen ab, so sinkt die Zahl der Namen auf eine geringe

Ziffer herunter. Die Zahl der hierher gehörigen Namen der Rheinprovinz, nämlich 20, sinkt ebenfalls stark, wenn man die jungen spezifisch rheinisch-westfälischen Namen mit Scheider- abzieht. Dagegen tritt einerseits Schleswig-Holstein mit 32 Namen hervor, gröfstenteils mit dem Femininum Scheide zusammengesetzt; andererseits die Länder bayrischer Zunge: Niederbayern mit 27, Oberbayern mit 19, Oberösterreich mit 14, Steiermark mit 9, Tirol und Salzburg mit je 8, Niederösterreich mit 6 und Kärnthen mit 5, zusammen mit 96 Ortsnamen, unter denen die mit gescheid zusammengesetzten die Hauptmasse ausmachen. Der Rest ist ziemlich gleichmäfsig und spärlich über ganz Deutschland verteilt.

2. Gruppe.

Ein wesentlich anderes Bild ergiebt sich, wenn man die geographische Verteilung der 2. Gruppe ins Auge fafst. Von etwa 800 Namen dieser Gruppe gehören 780, und wenn ich etwa 100 Nassausche Flurnamen abziehe, 680 dem von Förstemann oben umschriebenen Gebiete, also dem südlichen Westfalen, Waldeck, Kurhessen, Rheinprovinz, Nassau und Luxemburg an, mit einigen Ausläufern nach dem nördlichen Westfalen, der bayrischen Pfalz, Lothringen und dem Elsafs, die aber sehr rasch abnehmen. Der Rest von etwa 20 Namen ist über den Süden und Osten verstreut. Auch dies hat Förstemann bereits beobachtet, nur war sein Material noch nicht reich genug, um diese merkwürdige Thatsache zu erklären.

1. Die grofse zusammenliegende Masse von Ortsnamen auf -scheid beginnt im Nordosten im Fürstentum Waldeck. Hier findet sich **Höhnscheid** östlich von Freienhagen; der **Haberscheid** südlich von Sachsenhausen; **Helmscheid** südlich von Corbach; **auf dem Scheidt** westlich von Corbach und der **Schiebenscheid** nördlich von Sachsenhausen. Daran schliefsen sich westlich im westfälischen Kreise Brilon: **Ehrenscheidt**, eine Mühle bei Winterberg; **auf dem Scheid**, ein Bergwald nördlich Messinghausen zwischen Alme und Hopke; **am Enschede** an der obersten Ruhr; **Bourscheid**, eine Mühle bei Hallenberg, **Haus Meschede** an der Almequelle, und **Kaltenscheid**, das ich auf der Karte nicht verzeichnet finde und der **Lichtenscheid**, auf dem Gipfel des kahlen Astenberges. Zahlreicher werden sie weiter westlich im Kreise Meschede. Zwar ob **Meschede** selbst hierher gehört, ist zweifelhaft; die ältesten Formen: in monasterio Mescedi a. 913, in monasterio Meskide a. 937 und 973 und in loco Mescede a. 959 sprechen eher dagegen als dafür. Aber südöstlich davon liegt Blü -

genscheid, nordöstlich von Meschede Hornscheid; Ochsenscheid und Habichtscheid, zwei Bergwälder an der Elpkequelle südöstlich von Meschede; Nieder- und Ober-Bremscheid, südwestlich Meschede im Gebiet der Wenne; Ramscheid noch weiter südwestlich auf der Höhe zwischen Ruhr und Lenne; Brenschede oder Breschede südöstlich vom vorigen; Herschede, eine Kolonie und ein Waldbezirk nordöstlich vom vorigen: endlich ein Giebelscheid, das ich auf der Karte nicht verzeichnet finde.

Noch westlicher findet sich im Kreise Arnsberg der Berg Müschede südlich Warstein am Wasterbach; der Siebenscheid südlich von Hirschberg; Dinschede östlich von Arnsberg; Langscheid und Melschede südwestlich Arnsberg zwischen Hönne und Sorpe; Müschede, westlich Arnsberg zwischen Ruhr und Röhr, gehört nicht hierher, wie die ältern Formen Musche a. 1231 u. 1241 und Mussche im 14. Jhr. beweisen; aber wohl Selschede an der obern Röhr und Brenschede an der Quelle der Röhr.

Weiter die Ruhr abwärts schon im Kreise Hamm liegt Langschede östlich Schwerte und bei Westhofen Ober- und Nieder-Weidscheid.

Ich schliefse hier an, was sich nördlich der Ruhr noch zerstreut an Ortsnamen auf -scheid in Westfalen vorfindet: Brockenscheid im Kreise Recklinghausen; Dankelscheid bei Münster; West- und Ostscheid bei Herford; Enschede, blühende Stadt im holländischen Overryssel und Leschede südlich von Lingen an der Ems. Betreten wir nun das Flufsgebiet der Lenne, so begegnet uns im Kreise Meschede bei Glinge Leinscheid; im Kreise Arnsberg Hammerscheid, eine Mühle bei Blintrop-Affeln; ferner am Lenscheid, auch Hohenlenscheid bei Glinge, die Wasserscheide zwischen Ruhr und Lenne, nicht weit von dem eben genannten Leinscheid; im Kreise Olpe Bremscheid, östlich von Altenhunden; sodann begegnen in der Gegend von Bilstein drei Bergwälder: Arnscheid, Bescheid und Bannscheid; ferner der Ort Fahlenscheid. Hier fliefst auch der Bach Veischede, an dem Kirch- und Oberveischede liegen, indessen dürfte hier eher eine der zahlreichen westfälischen Namenbildungen auf -de vorliegen, wie Wickede u. s. w.; in der That heifsen die Orte a. 1313 Vesche, a. 1338 Veisce a. 1338 Overenveische und ebenso a. 1420.

Zwischen Lenne und Volme finden wir Selscheid und Pangelscheid oder Pungelscheid südlich von Werdohl; ebenda Walscheid; Brenscheid westlich von Altena; Sassenscheid östlich vom vorigen; ebenda der Hof Brenscheid; Sonnenscheid, auch

Sonnscheid; ferner Grofs- und Klein-Drescheid südwestlich von Altena; noch südwestlicher Eggescheid; Orscheid südlich von Sassenscheid; Brennscheid südlich von Altena; Hallenscheid westlich von Altena; Lüdenscheid auf der Wasserscheide zwischen Lenne und Volme; Ober- und Nieder-Hunscheid nördlich vom vorigen; Brenscheid südlich von Lüdenscheid; ein Kotten Echtenscheid und Alt-Lüdenscheid ebenda. In der Umgegend von Lüdenscheid ferner: Raderscheid, Lennscheid, Röhnscheid, Hüllscheid und Alt-Hüllscheid, Harnscheid, Lindscheid, Havenscheid, Lauenscheid, Leinschede, Linscheid, auf dem Linscheid, Oevenscheid, Halscheid und Rumscheid bei Dahl a. Volme.

Zwischen der untern Lenne und der Ruhr finden sich: Nettenscheid auf der Höhe zwischen Nette und Lenne; ferner Hegenscheid, Bermscheid, ein Bezirk im Balver Wald, Mesterscheid nördlich von Hemer; Dröschede, westlich von Iserlohn. Hierher gehört auch das ausgegangene, a. 1413 erwähnte Crumensceit, das irgendwo an der Lenne gelegen haben mufs.

Zwischen Volme und Ennepe liegen: Werfelscheid, Halverscheid, Ober- und Nieder-Langenscheid bei Halver; Brenscheid nordwestlich von Halver; Camscheid nordwestlich vom vorigen; Wahnscheid, Ebscheid, Langscheid, Brenscheid um Breckerfeld; Lönnelscheid bei Halver.

Zwischen Ennepe und Ruhr liegen Burschede, Baunscheid, Hackelscheid, Beenscheid, Silschede.

Jenseits der Ruhr bei Unna: Linnscheidt; bei Dortmund: im Linschede, Oeverscheid; bei Bochum: Bredenscheid, Wattenscheid, Hafkenscheid, Brenschede, Hunscheids-feld und Munscheid.

Am Ebbegebirge liegen: nördlich: Herscheid, Belckenscheid, Lengelscheid, Immelscheid, Brenschede; südlich: Rinckscheid, Nieder- und Ober-Worbscheid und Noscheid.

An der Bigge endlich: Weschede, Liesterscheid a. d. Liester; der Bergwald Erbscheid; Dünschede, Elberscheid, Alberscheid oder Alperscheid, der Hof Roscheid und fast an der Biggequelle Dornscheid.

Ueberblickt man dieses Gebiet, so findet man, dafs die Namen nicht gleichmäfsig verteilt sind, sondern deutlich einen dichten Kern auf dem Hochplateau zwischen Lenne und Volme um Lüdenscheid als Mittelpunkt bilden und dafs von da aus mit abnehmender Dichtigkeit die Namen, die Ruhr und Lenne aufwärts bis in das

Waldecksche, andrerseits an der Volme, Ennepe, Lenne und Ruhr abwärts bis Bochum, endlich südwärts über das Ebbegebirge und die Bigge aufwärts bis zu deren Quelle sich erstrecken. Die Höhen nördlich der Ruhr bilden im allgemeinen die Nordgrenze der Verbreitung; nur wenige zerstreute Namen finden sich nördlicher in Westfalen.

2. In der Rheinprovinz schliefsen sich an das Bochumer Gebiet rechts der Ruhr an bei Essen: Schonscheid, Eickerscheid und Rüttenscheid bei Borbeck; Gerschede, der nordwestlichste aller Orte auf -scheid; bei Kettwig der Hof Lieverscheid und die Höfe Ober- und Nieder-Barnscheid; bei Mühlheim a. Ruhr auf dem Scheid, Oberscheid, der Hof Hauscheid und Rinscethe jetzt Rüste.

Links der Ruhr schliefst sich von der Ennepe abwärts das Gebiet von Barmen an mit Marscheid südlich von Barmen, und Lichtenscheid, Fingscheid und Riescheid unmittelbar bei Barmen. Bei Elberfeld liegen: am Hohlenscheid, aufm Scheid, zu Schwagenscheid, am Singscheid, aufm Elberscheid, die Höfe zu Mittel-, Oben- und Unten-Fingscheid, zwischen Elberfeld und Neviges; bei Kronenberg Tonscheid und Bruscheid, bei Wülfrat liegt der Kotten am Adelscheid, Kockerscheid und das ausgegangene Wickensceith (im 11. Jhd.); bei Velbert liegen die Höfe Beutenscheid, zu Fahrenscheid; der Hof Ladscheid bei Langenberg, Hornscheid, die Höfe am Dicken-, Mittelsten- und Vordersten-Krüdenscheid, das Ackergut Nordenscheid, Römerscheid, aufm Scheidt, Unter- und Ober-Sellscheid, und Hetterscheid; bei Werden liegt Ober- und Unter-Harnscheid, der Hof Grünscheid und Brenscheid; bei Mettmann Ellscheid a. d. Elb, einige Häuser namens Hagscheid, die Höfe Hayscheid und Broscheid.

Bei Ratingen liegt der Kotten Grofs-Eikelscheid, die Höfe Alscheid, ferner Mackscheid, Möllscheid, Breitscheid, Bellscheid, Burscheid, Eggerscheid, Schmalscheid; bei Gerresheim Hochscheid und jenseits des Rheins Machenscheid.

An das Ebbegebirge schliefst sich nach Westen an: südlich von Meinerzhagen der Bergwald Amelscheid; ferner bei Rönsal der Wald und Ort Wernscheid; bei Wipperfürth Röttenscheid, Haus Scheid und Hof Scheid; bei Hückeswagen am grofsen und kleinen Scheid; westlich von Rade vorm Walde Halverscheid und Scheedt; bei Lennep Bornscheid; sodann Remscheid und dicht dabei aufm Scheid; bei Wermelskirchen Unter-

und Ober-Selscheid; bei Burg a. Wupper auf dem Angerscheid; bei Solingen Ober- und Unterscheid; bei Haan Krutscheid, Rottscheid und Hascheid; nördlich der untern Wupper Mummscheid, Hohenscheid, Höhscheid, Wiescheid und Röhlscheid; südlich der Wupper zwei Bergwälder der grofse Grünscheid und der Holverscheid, an letzterem ein Ort gleichen Namens, ferner Flammerscheid, Herscheid, Hühscheid, Grönscheid, Scheid, Pattscheid, Hüscheid und Burscheid; an der Dhün Nieder- und Ober-Landscheid, Dornhahnscheid, Teitscheid, Dürscheid, Hopperscheid, Selscheid, Lindscheid, Rölscheid, Ober- und Unterscheid, noch ein Dürscheid, Rommerscheid, Drees-, Wüsten- und Otto-Herscheid, Hüscheid, Hegenscheid und Scheid.

Gehen wir vom Ebbegebirge nach Süden, so treffen wir bei Gummersbach den Wald Lopscheid und südlich davon das Dorf Lopscheid, westlich vom vorigen den Wald Wahlscheid und nördlich davon das Dorf Walscheidt, dicht dabei Römerscheid; sodann den Wald Gelscheid, die Orte Scheidt und Linscheid. Weiter südwestlich zwischen Agger und Sülze finden sich am obern Sülzbach bei Lindlar Steinscheid und Schlürscheid; bei Engelskirchen: Grünscheid, Bergscheid, Ober- und Unter-Wartscheid und westlich davon Wurthscheid und Wallerscheid; hier schliefsen sich die oben genannten Orte an der Dhün (mit Häscheid) an.

Südlicher bei Altenhornrath liegen: Scheid, zwei Dörfer namens Oberscheid und Kirchscheid. Zwischen Agger und Bröl und zwar näher der Agger liegt Breitscheid am Wahnbach, Seelscheid zwischen Naaf- und Wahnbach, Möhlscheid nördlich vom vorigen, Klein- und Grofs-Oderscheid und Forkscheid.

Auf der Wasserscheide bei Drabenderhöhe liegt: Hillerscheid, Wellerscheid und der Hof Paffenscheid; bei Much: Scheid, Walterscheid und Scheidt; zwischen Wahn und Bröl: Wiescheid, Unter- und Ober-Wennerscheid, Grofs- und Klein-Scheid, Grofs- und Klein-Eischeid, Broscheid, Riefferscheid, Hülscheid und Derscheid; zwischen Bröl und der untern Sieg: Winterscheid, Litterscheid, Horscheid, Hänscheid, Hatterscheid, Hönscheid (auch Horscheid), Nieder- und Ober-Bohlscheid, Bornscheid, Kesselscheid, Krämerscheid (auch Kämmerscheid) und Hallscheid; zwischen den beiden Brölbächen: Müllerscheid, Lindscheid und Haarscheid; bei Waldbröl: Branscheid; an der Wiehl: Scheid, Heischeid und **Hundscheid** unweit der Quelle der Wiehl; von hier ist es nur eine Meile über den Berg nach Dornscheid an der Biggequelle.

An der obern Sieg fehlen die Ortsnamen auf -scheid fast ganz; vereinzelt finden sich **Schemscheid** bei Siegen und der Berg **Mahlscheid** bei Herdorf, desto häufiger sind sie an der untern Sieg.

Südlich der untern Sieg bis zur Wasserscheide gegen die Wied finden sich: **Adscheid, Süchterscheid, Nieder-, Mittel- und Oberscheid, Gierscheid, Hülscheid, Linscheid, Lahrscheid, Mehrscheid, Leuscheid**, ein langer Bergrücken, der die Wasserscheide bildet, daran auch ein Dorf gleichen Namens, ferner **Kocherscheid, Irscheid, Eutscheid** und bei Hamm **Breitscheid** und **Scheidt**.

Zwischen der untern Sieg und dem Rhein liegen: **Sollscheid, Lascheid, Mierscheid, Ferne- und Knipp-Gierscheid, Darscheid, Courscheid, Klein- und Grofs-Scheid, Lescheid, Hönscheid, Hünscheid, Oberscheid, Oberstescheid, Wahlscheid** und **Scheid**.

Am Siebengebirge liegen: **Wüllscheid, Hüscheid, Bennerscheid, Rettscheid, Scheidt, Rutscheid, Döttscheid** und **Orscheid**.

Auf der Wasserscheide zwischen der untern Sieg und Wied liegen: **Krautscheid, Oberscheid, Solscheid** und **Germscheid**; bei Asbach am Mehrbach, einem rechten Nebenbach der Wied, und zwar westlich von ihm liegen **Dittscheid** und **Krumscheid**; östlich **Keescheid** und **Püscheid**; südlich von Asbach **Paarscheid** und **Kallscheid**; zwischen Wied und Ahlbach **Reifferscheid**, südwestlich davon der Hof **Danscheid**; an der Nordwestecke der Wied **Günderscheid** und **Nieder- und Ober-Ettscheid**; zwischen Wied und Rhein: **Notscheid, Willscheid, Homscheid, Redeischeid, Hilkerscheid, Heidscheiderbach** (bei Linz), **Lorscheid** und **Hinterlorscheid, Krumscheid, Muscheid, Bremscheid, Langscheid, Sollscheid**, östlich von der Wied: **Strauscheid, Borscheid, Breitscheid, Hochscheid, Bleischeid, Verscheid, Goldscheid, Wüscheid, Glockscheid, Kurtscheid, Ehlscheid, Gommerscheid**; am Holzbach: **Breitscheid, Bauscheid, Ascheid, Haberscheid, Muscheid**; am Saynbach: **Rüscheid, Grofs- und Klein-Maischeid, Wirscheid, Kutscheid** und vielleicht das ausgegangene a. 1273 genannte **Nanscheid** und der 1679 erwähnte Wald **Gisilbretscheid**.

Um Montabaur liegen und zwar südwestlich der Montabaurerhöhe **Hillscheid**, nordnordöstlich von Montabaur **Banberscheid**, südöstlich **Heilberscheid** und östlich der **Landscheidsberg**.

An der Lahn liegen und zwar nördlich von diesem Flusse: **Langenscheid, Scheid, Zimmerschied** nördlich von Nassau. Südlich der Lahn liegt der Hof **Saalscheid** südlich von Nassau; Hof und Kirche **Habenscheid** südlich von Balduinstein; **Lollschied** südlich von Saalscheid und das 1276 erwähnte **Neuscheid** bei Runkel.

Im hohen Westerwald findet sich im Quellgebiet der Dill: **Liebenscheid, Rabenscheid** und **Breitscheid**; am obern Elbbach: **Brandscheid, Saynscheid** und **Wahnscheid**; an der Nister: **Hirtscheid**.

An der Wisper liegen: **Wollmerschied, Espenschied, Dickschied, Ramschied, Lindschied, Angschied, Langschied** an der Kemeler Heide; der **Schwallschiederhof** östlich Nastätten; südlich der Wisper findet sich im Rheingaugebirge der Berg **Langschied**; nördlich von St. Goarshausen liegt **Lierscheid** und südlich davon **Dornscheid**; bei Idstein liegt Monstatt, früher **Monscheid** und ein ausgegangenes **Ramscheyt**; im Amte Wehen ein ausgegangenes **Breitenscheid**; in der Wetterau findet sich **Rodenscheit**, jetzt Rotherschütt!

In Kurhessen liegen **Maischeid, Lischeid, Lenderscheid, Höhnscheid** und **Winterscheid**, der Bergwald **Aulenscheid** und der Bergrücken **Anscheidt** zwischen Weil und Solmsbach; dazu kommen noch 13 ausgegangene, bei Arnold verzeichnete, nämlich: **Breitenscheid, Hohenscheid**, zwei **Lichtenscheid, Winterscheid, Heisterscheid, Moescheydt, Monscheid, Dubenscheid, Habichtscheid, Bauerscheid, Sengelscheid** und **Bettenscheid**.

Auch diese etwa 270 Ortsnamen sind nicht gleichmäfsig auf das beschriebene Gebiet verteilt, vielmehr findet sich ein Gebiet äufserster Dichte von der Sulze über die Agger, Bröl, untere Sieg und Wied bis zum Saynbach mit etwa 140 Namen, dem im Norden das Bergische Land bis Lennep-Remscheid mit etwa 40 Namen und von da bis zur Ruhr mit weiteren 40 und noch 10 nördlich der Ruhr vorgelagert ist, während von Sayn und Wied südlich durch Nassau zerstreut noch etwa 30 Namen mit schnell von Nord nach Süd abnehmender Dichtigkeit vorkommen. In der Wetterau verschwinden sie. Die hessischen Namen scheinen eine lose Verbindung mit den waldeckischen herzustellen.

Für Nassau konnten auch die Flurnamen herangezogen werden, die Kehrein gesammelt hat. Ich habe sie hinten alphabetisch aufgeführt, unter Hinzufügung einiger hessischen und älterer rheinischen. Sie sind in Nassau einigermafsen häufig nur nördlich der Lahn, am dichtesten im Amte Walmerod, sodann in Marienberg, Dillenburg, Herborn, in Rennerod, Mengerskirchen bis Weilburg und andrerseits in Westerburg und Hadamar; auch im Amte Selters und Montabaur finden sie sich. Dagegen südlich der Lahn nehmen sie rasch ab. Sie verhalten sich also grade so wie die Ortsnamen: auch darin stimmen sie zu ihnen, dafs sie im Amte Hachenburg selten sind, d. h. das -scheidarme Gebiet der obern Sieg erstreckt sich auch in das untere und mittlere Nisterthal. Neu ist, dafs die Flurnamen auf -scheid sich vom Quellgebiet der Dill bis Herborn und Sinn hinunterziehn.

3. Auf der linken Rheinseite sind die nördlichsten Vorposten bei Geldern zu finden, nämlich: Grofs-Scheid und Kolscheid; doch sind das ganz versprengte Posten. Südlicher finden sich dann bei Erkelenz und Heinsberg Buscherscheid, Scheidt und Schwertscheid. Eine ganze Gruppe findet sich sodann bei Aachen, nämlich nördlich von Aachen Kohlscheid und Vorscheid; südlich von Aachen Burtscheid und das Steinkohlenbergwerk Sichelscheid; westlich von Cornelimünster liegt der Hof Hebscheid, die Landgüter Neerscheid und Ritscheid, ferner Scheidt und ein zweifelhaftes Daufscheid, auf der Karte Duffesheid; schon jenseits der holländischen Grenze liegt ein Scheidt. Aus älterer Zeit wird eine Kapelle bei Burtscheid, namens Grunescheid erwähnt. Ein Wald bei Jülich hiefs früher Wyssirscheid. Bei Neufs liegt ein Waldscheid; in der Gegend von Köln wird im 9. Jhd. ein Fergeresced erwähnt, bei Sinzig im 13. Jhd. ein Wald Hattenscheid.

Auf zusammenhängende Gruppen stofsen wir sodann in der Eifel.

Geht man die Rur (so schreibt man wohl am vernünftigsten) hinauf bis zur Mündung der Urft, dann diese hinauf bis zur Mündung des Olefbachs und nun diesen hinauf über Schleiden bis in sein Quellgebiet, so befindet man sich mitten in einem Bezirke dicht gedrängter Ortsnamen auf -scheid. Es liegen hier Rescheid, Giescheid, Miescheid und Ramscheid; dicht dabei im Quellgebiete des Priefbachs, eines Nebenbachs des Olefbachs, liegen Ober- und Unter-Dalmerscheid, Willscheid, Manscheid, Zingscheid, Reiferscheid und Oberreiferscheid, Dickerscheid, der Wald Reiserscheid und Kerperscheid; westlicher zwischen Olef und Rur liegt **Harperscheid, Ettelscheid, Berrescheid, Wittscheid**, noch westlicher **Wahlerscheid**, die Oberförsterei im Hövener Forst. Oestlich von Gemünd liegt ziemlich allein **Bescheid**, das nach der Erft hinüber weist.

Gehen wir nun die Rur weiter hinauf, so finden wir: **Hechelscheid, Kommerscheid, Haarscheid, Silberscheid, Froitscheid, Wittscheid**, den **Loscheid-Wald, Eicherscheid**, nordwestlich von Montjoie, ein jetzt ausgegangnes **Lamberscheyt** am hohen Venn, **Lauscheid** nördlich von Montjoie bei Kalterherberge fast an der Quelle der Rur.

An der Schneifel liegen und zwar nordwestlich: an der obern Kyll: **Scheid**; an der Oure: **Kopscheid, Hüllscheid, Mertscheid**; nordwestlich gegen Malmedy vorgeschoben: **Hoppscheid** und **Möderscheid**; ferner finden sich an der Nordwestseite: **Wiescheid, Eimerscheid, Ober- und Niederlascheid, Radscheid, Amelscheid**, der Wald **Bohlscheid** und das Dorf **Merlscheid**; südöstlich liegt **Wascheid** und **Herscheid**; südwestlich: **Brandscheid** und **Unterbrandscheid**, endlich westlich: **Winterscheid**.

Westlich der Oure zwischen ihr und dem Thal der Clerf und Sauer findet sich ein **Hüscheider Bach**, ferner **Lascheid, Malscheid** und **Heinerscheid**; an der Oure selbst die **Lascheidauelsmühle**, ferner **Dorscheid, Hoscheid, Schlinder-Manderscheid, Merscheid, Putscheid, Nacht-Manderscheid, Hoscheiderhof, Poscheid, Landscheid** und **Lipperscheid**.

Westlich der Clerf stofsen wir auf **Selscheid, Klein- und Knap-Hoscheid, Grumelscheid** und **Alscheid**; zwischen Wiltz und Sauer liegt **Buderscheid**; zwischen Sauer und Attert: **Folschette** (= **Volkscheid**), **Eschet, Heiderscheid, Merscheid, Burscheid, Scheidel, Welscheid, Fischeiderhof, Kätschette** und **Hoschette**; zwischen Attert und Eisch: **Hobscheid**, zwischen Alzette und Sauer: **Pletschette**; a. 1220 wird erwähnt ein Wald **Mortscheid** nordwestlich von Luxemburg bei Mamer, und südwestlich von Echternach liegt **Blascheid** und **Scheidchen**. Gehen wir nunmehr weiter nach Osten, so finden wir zwischen Oure und Prüm: Ort und Berg **Dackscheid, Heckhuscheid, Eigelscheid, Habscheid** und **Niederhabscheid, Strickscheid, Euscheid, Roscheid, Binscheid, Kopscheid, Scheidchen, Manderscheid, Berscheiderhof, Bellscheid, Ober- und Nieder-Pierscheid**,

2*

Ringhuscheid, Krautscheid, Eulscheid, Olmscheid, Ettscheid, Preischeid, Kobscheid, Huscheid, Quintscheid, Zweifelscheid, Plascheid, Mottscheid, Burscheid, Altscheid, Berscheid, Outscheid und Hütterscheid. Hierher gehört auch das a. 1214 erwähnte Honscheid, das bei Bitburg gelegen haben soll.

Zwischen Prüm und Nims liegen Scheid, Plütscheid, Greimelscheid, Lascheid, Hascheid, Feuerscheid, Dackscheid, Merlscheid, Eilscheid und vielleicht das a. 1264 erwähnte Hovelscheid.

Zwischen Nims und Kyll: Huscheid und das ausgegangene Einscheid bei Kyllburg. Zwischen Kyll und Lieser: Der Berg Kindscheid östlich von Gerolstein; der Berg Prümscheid nördlich von Salm; der Berg Kretscheid östlich von Salm; die ausgegangenen Orte Bremescheid und Havescheit; der Holscheider Bach südlich von Daun; Herscheid südlich von Mürlenbach an der Kyll; der Berg Bradscheid östlich von Densborn; das 1289 erwähnte Protscheid; Kippscheid nördlich von Manderscheid; Zendscheid an der Kyll; der Forst Wanscheid östlich von Kyllburg; Ueberscheid am Salmbach; Hochscheid zwischen Salm und Lieser; Bierscheid am Bierbach, nördlich vom vorigen; Burscheider Mauer am Kailbach; Landscheid am Salm; der Waldbezirk Rüfferscheid an der Salm; der Wald Sauscheid ebenda; Büscheid an der Lieser südlich von Wittlich; der Wald Elscheid und Dierscheid nordwestlich von Hetzerath; die ausgegangenen Bergwälder Birkescheid und Honsceid in der Nähe des Klosters Himmeroth; und das 1288 erwähnte wohl irgendwo an der Lieser gelegene Sellescheid.

Oestlich der Lieser an Alf und Uess liegen Hörscheid, Darscheid, Allscheid an den Quellen der Alf; der Eischeiderhof nördlich vom Weinfelder Maar; Trittscheid, Tettscheid, Ettscheid und die Bergwälder Pahlscheid und Jennerscheid; sodann Brockscheid, der Wald Hillscheid, Manderscheid a. Lieser, Ellscheid nördlich vom Pulvermaar; hier auch das ausgegangene Hedelscheid; Walscheid südlich von Strohn; Willwerscheid an der Alf und das ausgegangene Wispelscheid an der Uess.

Nicht näher anzugeben ist die Lage des ausgegangenen Sconensceid, und des Bergwaldes Frankscheid.

Auch wenn wir den andern nach Norden fliefsenden Eifelflufs, die Erft, stromauf zu seinen Quellen verfolgen, stofsen wir auf

Ortsnamen auf -scheid. So liegt südlich von Münstermeifeld Eicherscheid, weiterhin der Wiescheiderhof und der Lingscheiderhof, sodann Langscheid an der Erftquelle; dann auf der Wasserscheide nach der Ahr hinüber liegt: Reckerscheid, Willerscheid, Mudscheid, Hilterscheid, Pittscheid, Haårscheid, Sierscheid und Nitterscheid; zerstreut finden sich ferner: Reiferscheid nordwestlich von Adenau, Langscheid östlich von Adenau an den Nettequellen; Wollscheid an den Quellen der Brohl; bei Kempenich muſs das ausgegangene Gudilscheit gelegen haben. Nördlich vorgeschoben ist Burdscheid, ein Hof nördlich von Altenahr, und Berscheid oder Perscheid südlich von Rheinbach. Südlich von Adenau bilden am untern Trierbach eine kleine Gruppe Wiesemscheid, Kirmuthscheid, Trierscheid und Sennscheid. Dicht bei Adenau liegt Breidscheid; nordwestlich von Arenberg die Försterei Gierscheid; bei Blankenheim muſs das 1290 erwähnte Prinscheid gelegen haben; endlich liegen auf der Höhe zwischen Elz und Nitze der Wald Edscheid und das Dorf Ditscheid.

Diese etwa 160 Orte, 15 nördliche versprengte abgerechnet, bilden deutlich zwei Gruppen.

Die dichteste und umfangreichste Gruppe liegt in den Bezirken Schleiden, Prüm, Dasburg, Diekirch, Bitburg, etwa 140 Oerter umfassend. Die andere liegt in der Vordereifel an den Quellen der Brohl, der Nette, der Erft, und an der mittlern Ahr. Die erste Gruppe reicht mit abnehmender Dichtigkeit durch Luxenburg bis zur französischen Sprachgrenze (hier die Namen auf -schette) und östlich erstreckt sie sich immer lockerer werdend über die Kyll zur Lieser, Salm, Uess. Die zweite Gruppe hängt mit der ersten zusammen durch Bescheid östlich Gemünd und zerfällt in mehrere kleinere Untergruppen.

Südlich der Mosel finden sich einzeln bei Boppard das ausgegangene Frankensceyd und der Wald Gallscheid; dann liegt eine zusammenhängende Gruppe bei Oberwesel gegenüber Dörscheid und zwar findet sich südlich von Oberwesel nach Bacharach zu: Langscheid, Damscheid, Perscheid, Breitscheid, südlich von Bacharach Medenscheid, Rayerscheid an den Quellen des Simmerbaches; bei Kastellaun der Framscheider Wald und Ebschied, nordwestlicher Lamschied und Basselscheid.

Dann liegen am Soonwald und zwar östlich vom Simmerbach: Mutterschied und Mengerschied; zwischen Simmer- und Hahnenbach um Kirchberg: Buschied, Wald und Ort nördlich von Kirchberg; Halschied, Wald und Försterei südlich von Kirchberg und Brauschied, Wald und Försterei westlich von Kirchberg; irgendwo hier liegt auch das 1295 genannte Erbscheid; nordwestlicher auf der Wasserscheide nach der Mosel hin liegt Löffelscheid; an der Mosel selbst bei Zell Linscheid; südlicher immer noch zwischen Simmer- und Hahnenbach finden sich: Sohrscheid am Sohrbach, Lindenschied, Dickenschied, und an der Lützel-Soon Schlierschied und Bruschied; westlich vom Hahnenbach liegt Sonnschied und Griebelschied; am Südabhang des Soonwalds Ippenschied.

Am Idarwald liegen und zwar am Nordabhang: Hochscheid, Merscheid und Moorscheid; am Südabhang: Ascheid, Göttschied und Dorf und Wald Mörschied. Am Hochwald: nördlich: Hilscheid, Burtscheid, Rascheid, Bescheid, Lorscheid, wahrscheinlich auch das ausgegangene Buelscheit, ferner Morscheid a. Ruwer, Kernscheid südöstlich von Trier, und der Roscheiderhof zwischen Trier und Conz; mitten im Hochwald liegt der Hof Einscheid; am Südabhange Sauscheid; westlich von Hermeskeil der Lascheiderhof und südwestlich von Sauscheid der Mühlscheiderhof. Vielleicht lag auch das 1274 genannte Heselscheyt irgendwo am Hochwald und das 1276 genannte Lunscheit irgendwo an der Mosel.

Südlich der Nahe liegen und zwar zwischen Nahe und Glan: Lauscheid nordwestlich von Meisenheim und Schweinscheid westlich von Meisenheim; an der Nahe östlich von Birkenfeld findet sich der Peetschied-Berg und östlich der Nahequelle Reidscheid. Im Saargebiet findet sich östlich der Prims: der Engscheiderhof, Knorrscheid, Fahlscheid, Hierscheid, Lindscheid, Auscheid a. d. Prims; am Köllerthalerwald: nördlich: Lummerscheid, Wahlschied, Dorf und Berg Quierschied, Pflugscheid, Rietscheid; südlich: Sengscheid, der Triepscheiderhof und Scheidt, zu dem Scheidterberg, Scheidtermühle, Scheidterhammer und Scheidterhütten gehören, endlich östlich nach der Blies zu der Höllscheiderberg; vielleicht lag hier auch das 1252 erwähnte Habescheyt; östlich von Merzig zwischen Saar und Prims liegt der Wilscheiderhof und unterhalb Merzig findet sich noch ein Scheidwald.

Hier schliefsen sich an in Lothringen: Burscheid bei Saarburg, der 893 erwähnte Forst Cransceit und Happelscheid bei Saargemünd; Scheidt bei Forbach und der 1262 erwähnte Hof

Hunischeit bei Saarlouis; im Unterelsafs finden sich Bachscheid und Hochscheid.

An die Glangegend reihen sich die pfälzischen Orte Schaidt, Bisterscheid, Eichelscheid und Windschieds-Forsthaus; ferner die ausgegangenen Orte: Singescheit bei Ensheim und Odericheschheit nördlich von Weifsenburg. Von zwei andern ausgegangenen Orten Inghescheet und Lysscheit läfst sich nur annehmen, dafs sie irgendwo im Rheinland gelegen haben.

Die Namen südlich der Mosel weisen keinen Mittelpunkt auf, wie die vorherbeschriebenen Namengruppen; sondern sie bilden Reihen, deren eine etwa von Oberwesel am Rhein ausgehend nördlich vom Soon-, Idar- und Hochwald an Trier vorbei bis zur Saar zieht, während eine andre südlich von diesen Bergen bis zum Köllerthalerwald und Saarbrücken und in ihren letzten Ausläufen bis nach Lothringen und dem untern Elsafs reicht; eine dritte endlich geht südlich der Nahe zwischen Nahe und Glan bis in die Pfalz hinein.

4. Während nun diese 6—700 Namen im südlichen Westfalen und in der Rheinprovinz ein zusammenhängendes Gebiet bilden, erscheinen im ganzen übrigen Deutschland nur ganz spärliche und verstreute Namen auf -scheid. In Böhmen findet sich 2 mal Manderscheid und die Pottscheiderhütten, in Oberfranken 2 mal Hirschaid und 1 mal Ramscheid oder Rehmscheid, in Schlesien Hegenscheidt, in Steiermark Rindscheid, in Niederösterreich Langscheid, Hochscheid und a. 1083 Richinsceit, jetzt „am Reich"! in Oberösterreich Lehmscheid, auch Lebenscheid und a. 1094 Holesceit am Wiener Wald; in Tirol Ladscheid, Pattscheid, und Pitscheid, in Krain Beischeid, am Neckar Hohenscheid, in Oberbayern Teigscheid und in Niederbayern Waldscheid, d. h. in ganz Deutschland aufser jenem rheinisch-westfälischen Gebiete keine 20.

Da drängt sich denn die Frage nach der Ursache dieser auffallenden Verteilung der Ortsnamen auf -scheid mit grofser Stärke auf. Ehe wir aber einen Versuch machen, dieses Vorkommen zu erklären, mögen noch einige Bemerkungen andrer Art über die Ortsnamen auf -scheid vorausgehen.

III.
Einige sachliche und sprachliche Bemerkungen über die Ortsnamen auf -scheid.

1. Zunächst sei nochmals darauf hingewiesen, dafs der oder das Scheid die Bedeutung scheidende Höhe, Wasserscheide hat. Das zeigen die Namen, welche nach dem Gewässer benannt sind, dessen Wasserscheide sie bilden; so liegt Lenscheid auf der Höhe zwischen Ruhr und Lenne; Nettenscheid zwischen Lenne und Nette bei Altena; Listerscheid am Liesterbach; Quintscheid am Quintbach; das alte Rotagasceid am Rotten; Sohrscheid am Sohrbach; Bierscheid am Bierbach; Merlscheid am Merlbach; Trierscheid am Trierbach; vermutlich hat Ellscheid seinen Namen vom Elbbach, an dem es liegt und Allscheid von der Alf, an deren Quelle es liegt.

Natürlich hiefsen die scheidenden Höhen vielfach schon -scheid, ehe menschliche Ansiedlungen auf oder an ihnen entstanden; denn noch heute heifsen eine Menge unbewohnter Bergwälder so. Mit dem Artikel, also noch als Appellativa erscheinen: der grofse Grünscheid, a. 1303 in nemore dicto Groynscheit; der Schiebenscheid; das Leuscheid, der Siebenscheid, der Haberscheid, der Ochsenscheid, der Gelscheid, der Hölverscheid.

Zahlreicher sind die Namen von Bergwäldern ohne Artikel, die also zu Eigennamen geworden sind, so der Bergwald Amelscheid, südlich Meinerzhagen, Arnscheid, südlich Bilstein a. d. Veischede, Aulenscheid in Kurhessen, Auscheidt zwischen Weil und Solmsbach; Bannscheid a. d. Veischede, Bellscheid in Kurhessen; Bescheid a. d. Veischede; Bohlscheid an der obern Oure, Bradscheid an der Kyll; Dackscheid zwischen Oure und Prüm; der Wald Cransceit, a. 893 erwähnt bei Saarburg; Edscheid, zwischen Elz und Nette; Elberscheid unweit der Biggequellen; Elscheid a. d. Lieser; der Wald Framscheid bei Oberwesel; Frankscheid, irgendwo in der Eifel; Gallscheid bei Boppard; Gisilbretscheid, 1179 als ein dem Kloster Rommersdorf gehöriger Wald erwähnt; Birkescheit im 13. Jhd. als ein dem Kloster Himmeroth gehöriger Wald erwähnt; Habichtscheid bei Meschede; Hattenscheid bei Sinzig; Hilscheid a. d. Lieser; Hoppelscheid zwischen Lenne und Volme; Jennerscheid und Jetscheid a. d. Lieser; Kretscheid ebenda; Lichtenscheid auf dem Gipfel des kahlen Astenberges; Lobscheid bei Gummersbach;

Mörscheid am Idarwald; Mortscheid, ein a. 1220 in Luxenburg genannter Wald; Pahlscheid a. d. Lieser; Peetscheid a. d. Nahe; Prümscheid, ein 600 Meter hoher Berg a. d. Lieser; Reiterscheid am Olefbach; Römerscheid bei Gummersbach; Rüffelscheid und Sauscheid an der Salmbach; und Wanscheid an der Kyll. Berg und Wald sind hier unzertrennlich, denn kahle Berge giebt es noch heute nur wenige in diesem Gebiete und gab es sicherlich früher noch weniger.

Entstand nun eine Ansiedlung an einem solchen -scheid, so ging der Name desselben an sie über. Lehrreich sind dafür die Fälle, wo noch heute neben dem Dorfe der Bergwald seinen Namen bewahrt hat. So liegt an dem langgestreckten Leuscheid, der Wasserscheide zwischen Sieg und Wied, das Dorf Leuscheid; so am Bergwald Dackscheid das Dorf gleichen Namens. Eigentümlich liegt die Sache mit dem Dorfe Grönscheid an der Wupper; es heifst a. 1216 Grunscheit, aber seit dem 14. Jahrhundert ist die dialektische Form Groynscheit nachzuweisen und diese ist in dem Namen des Dorfes fest geworden; dagegen der grofse Bergwald in seiner Nähe heifst heute noch der grofse Grünscheid, offenbar weil die Bedeutung des Adjektivums grün in dem Waldnamen lebendig gefühlt wurde, in dem Dorfnamen aber weniger. Auch am Hölverscheid an der Wupper liegt ein Dorf gleichen Namens, ebenso am Bergwald Lobscheid und Römerscheid bei Gummersbach und Mörschied im Idarwald.

Bei der Bezeichnung des Ortes nach dem Bergwalde gebrauchte man entweder eine Präposition mit dem Dativ oder kurzweg den Nominativ.

Die Präposition ist noch in einer Reihe von Namen erhalten. Man sagt und schreibt noch: am Adelscheid, am Enschede, an Fahrenscheid, am Hohlenscheid, am Krüdenscheid, im Linschede, öfters aufm Scheid, zu Schwagenscheid, am Singscheid, zu Fingscheid, am Grofsenscheid, auf dem grofsen und auf dem kleinen Scheid; in vielen andern Fällen spricht das Volk noch die Präposition, aber sie ist aus dem Schriftgebrauch geschwunden.

In einer Anzahl von Fällen ist die Präposition zwar geschwunden, aber der Dativ noch erkennbar; entweder indem e von schede, worüber schon oben gehandelt worden ist, oder in dem Kompositionsadjektiv. Von dieser auch in andern Ortsnamen sehr häufigen und bekannten Erscheinung nur wenige Beispiele: Bredenscheid und Breidenscheid erklären sich als entstanden aus

„auf dem breiten Scheid". Daneben erscheint häufiger die Form Breidscheid oder Breitscheid; dies ist der Nominativ. Das Breitscheid auf dem hohen Westerwald heifst a. 1190 Bredinscheit. Brenschede a. Ruhr heifst a. 1313 in Bredenscede. Das a. 813 erwähnte Deofansceid würde jetzt Tiefenscheid lauten; derselbe Dativ zeigt sich in Dickenscheidt, Hohenscheid, Grofsen- und Wenigen-Hohenscheid bei Hersfeld; in Kaltenscheid, Crumenscheit a. Lenne a. 1413; Langenscheid; Lichtenscheid und andern.

In vielen andern Fällen ist nach Wegfall der Präposition der Dativ unerkennbar geworden.

Was sich aus der Betrachtung der sprachlichen Form der Namen auf -scheid ergiebt, bestätigt der Augenschein. Mir ist die Lage einer grofsen Anzahl von Orten auf -scheid in Rheinland und Westfalen aus „Ocularinspektion" bekannt. Sie liegen fast ausnahmslos hoch oben auf einem Bergrücken; zwar nicht gerade auf der Wasserscheide selbst, — da ist es zu rauh — aber nicht viel unterhalb an einem der Abhänge. Sie sind meist weithin sichtbar, besonders die Kirchdörfer.

Ausnahmen kommen vor; zumal die Mühlen liegen natürlich unten am Wasser; diese haben dann ihren Namen von dem Scheid, an dem, nicht auf dem sie liegen.

2. Lenken wir nun unsere Aufmerksamkeit auf die Bestimmungswörter unserer Namen auf -scheid, so sehen wir uns gezwungen einzugestehen, dafs wir nur einen geringen Teil derselben mit Sicherheit deuten können. Nur etwa von einem Viertel sind uns ältere Formen überliefert und auch diese führen nur in der Minderzahl der Fälle zu einer sichern Erklärung. Müssen wir uns also auch sehr bescheiden, so lassen sich doch folgende Klassen aufstellen:

a) die Orte, welche nach dem Gewässer genannt sind, dessen Wasserscheide sie bilden. Sie sind schon oben genannt, es sind Lenscheid, Nettenscheid, Liesterscheid, Quintscheid, Sohrschied, Rotagasceid, Bierscheid, Merlscheid, Trierscheid, Ehlscheid, Allscheid. Ich füge Sonschied hinzu, das nach dem Soonwald, an dessen Westgrenze es liegt, genannt ist.

b) Orte, die nach der natürlichen Beschaffenheit des Scheids heifsen: Ein schmaler Scheid heifst Angschied oder Angeschied, Engscheid-erhof, und Schmalscheid; ein breiter Bredenscheid, Breidscheid, Breitscheid, Breitenscheid und Dickenscheid, Dickerscheid, Dickscheid, ein niedriger: Deofansceid, Höhnscheid, Hönscheid, (zu hön = niedrig), und Kleinscheid; das Gegenteil ist Grofsenscheid, Grofsscheid, Hochscheid, Hohenscheid. Ein langer Scheid heifst Langenscheid, Langschede, Langscheid und Langschied. Nach der Farbe, die er aus der Ferne zeigt, heifst er Gelscheid, Grönscheid, Grünscheid, Grunescheid; nach der Lage zu dem nächsten Orte heifst er Nordenscheid, Ostscheid, Westscheid, Neerscheid, Nitterscheid (Niederscheid), Ueberscheid. Ein gekrümmter Scheid heifst Crumenscheid, Krumscheid; ein Ort auf der Nordseite in kalter Lage heifst Winterscheid, Kalterscheid.

Ein Scheid, der im Hintergrunde eines Thales liegt, heifst Echtenscheid (von achten = hinten); zieht sich ein tief eingeschnittenes Thal in ihn hinein, so ist es ein Hohlenscheid, Holesceit; etwas anders gestaltet ist ein Kesselscheid. Ein bergartig isolierter Scheid ist Bergscheid; leicht verständlich sind die Namen Auscheid, Bachscheid, Bornscheid, Steinscheid, Wiesemscheid, Weidscheid; Hülscheid gehört zu hüls = gestrüpp; Lierscheid a. 871 Liorscheyt dürfte ein Scheid mit einzelnen kahlen Stellen sein; Marscheid, Mehrscheid, Mörschied, Morscheid gehören zu mar, mor = see, teich, sumpf. Schlierscheid und Schlürscheid gehören zu Schlier = Lehm, Schlick, und Solscheid, Sollscheid zu sohl, suhl = Pfütze.

Zur Ergänzung können hier die Flurnamen herangezogen werden. Auch unter ihnen ist Bergscheid, Bornscheid, Breitscheid, Dickscheid, Grünscheid, Hochscheid, Hohenscheid, Lichtescheid Langscheid, Niederscheid, Oberscheid, Rothescheid und Rothscheid zu finden; dazu kommt Dünnscheid, das Gegenstück zu Dickscheid, Gähescheid, Grauscheid, Hinterscheid, gleich altem Echtenscheid und Rauhscheid.

Von der Bewaldung sind benannt: Waldscheid, Strauscheid (für Strauchscheid), Krautscheid (Heidekraut); Eicherscheid, a. 983 Eichineskeit, Eickenscheid, 9 Jhd. Ekanseeth, Bucherscheid, Birkscheid, Espenschied, Heisterscheid (Heister = Rüster, Ulme, überhaupt junger Wald), Heselscheyt (Hasel), Lindscheid, Lindenscheid, wohl auch einige Linscheid, Manderscheid (Kiefer); unter den Flurnamen findet sich auch Eschenschied und Molberschied (Molbern sind die blauen Waldbeeren). Unter den Personennamen in Elberfeld habe ich einen Thanscheid gefunden.

Von den Tieren, welche im Scheid hausen, haben ihren Namen:

Arnscheid (Aar), Eulscheid, Dubenscheid, 14. Jhd. Dubinscheid (wilde Taube), Habichscheit, Habichtscheid, vielleicht auch Habscheid; zu hirsch, ahd. hiruz, altsächs. hirut gehört nicht nur Hirschaid, sondern auch Hillscheid, das 1363 Hyrscheid und um 1000 Hirusceit heifst. Ferner auch einige der zahlreichen Herscheid; das am Ebbegebirge heifst 1072 Hiruthscetha und Hertsceido. Von Raben sind genannt Rabenscheid und Ramscheid; ferner gehören hierher Rayerschied, Sauscheid, Schweinschied und Wollscheid, das wahrscheinlich für Wolfscheid steht. Unter den Flurnamen findet sich Aulenscheid (ulula), Hillscheid und Herscheid, Hühnerscheid (doch wohl Rebhuhn, Haselhuhn, Birkhuhn), Meisengesceid, und Ramscheid.

c) Orte, die ihren Namen von menschlicher Benutzung haben.

Ochsenscheid, Rindscheid und Kuhscheid deuten auf Weidewirtschaft; Brandscheid auf das Niederbrennen des Waldes; dazu gehören vielleicht auch einige Brenscheid, während andre aus Bredenscheid entstanden sind. Zum Verbum bûwen, das den Ackerbau bezeichnet und dem davon abgeleiteten bûr gehören wenigstens zum Teil die zahlreichen Burscheid und Burschede; Burscheid am Kailbach heifst aber 1292 Burxeit und gehört zu dem benachbarten Orte Burg. Auch das Wort Land bedeutet vorzugsweise Ackerland und steckt in dem häufigen Landscheid, wahrscheinlich auch in Lascheid; der Plural erscheint in Lenderscheid. Auf den Ackerbau weist auch Pflugscheidt; und auf das Mahlen des Getreides Mühlscheid und Möllerscheid.

Gericht gehalten wurde auf den Mahlbergen; ein solcher Gerichtsort war auch der Mahlscheid im Siegerland.

Eine politische Grenze scheint Kirmuthscheid zu bezeichnen. Kirmuth heifst im Rheinland die Abgabe des Hörigen an seinen Herrn, die sonst Besthaupt genannt wird. Kirchscheid hat mit der Kirche nichts zu thun, da es a. 1070 einfach Scheida, im 12. Jhd. aber Kercich genannt wird.

Leuscheid, ein langer Höhenzug zwischen Sieg und Wied, steht wohl für Leutscheid und war zu irgend einer Zeit eine Stammgrenze. Frankscheid und Frankensceyt enthält sicher den Namen der Franken; ob auch Sassenscheid den der Sachsen?

Fahlenscheid an der Griesemert, soll an einer alten Grenze der Westfalen und Franken liegen. Ob wohl in den verschiedenen Reiferscheid der Name der Ripuarier steckt? Reiferscheid im Westerwald heifst a. 1276 Ripherscheid.

d) Orte, die ihren Namen von ihrem Besitzer haben, offenbar die jüngste Klasse.

Hierher gehört **Pfaffenscheid**, die Besitzung eines Geistlichen oder der Kirche; einem Gisilbert gehörte der **Gisilbretscheid**, einem Günther **Günderscheid**, einem Heinrich **Heinerscheid**, einem Konrad **Kurtscheid**; **Liebenscheid**, älter Leybulscheid, weist auf Leubold, **Lipperscheid** auf Liutbert, **Lüdenscheid** heifst ursprünglich **Luidolvesscheid**; **Wernscheid** dürfte zu Werner und **Wöllmerscheid** zu Woldemar gehören.

Aufserdem gehören vielleicht noch manche andre hierher, deren erster Teil zu sehr verändert ist, um ein sicheres Urteil zu erlauben; doch ist dieser Teil der Namen nicht sehr zahlreich, ein Zeichen, dafs wir es mit verhältnismäfsig alten Bildungen zu thun haben.

3. Ein Vorwiegen besonderer Bestimmungswörter in einem bestimmten Teile des Verbreitungsgebietes ist nicht zu bemerken. Ein ziemlich enger Kreis von Vorstellungen ist es, der sich überall wiederholt. So finden wir **Bredenscheid** bei Bochum, **Breidscheid** bei Ratingen und bei Adenau in der Eifel; **Breitenscheid** in Hessen; **Breitscheid** bei Hamm a. Sieg, an der Wied, an der Dillquelle, bei Oberwesel, am Holzbach und zwischen Agger und Bröhl; aufserdem mehrfach als Flurnamen; **Hochscheid** bei Gerresheim, im Unter-Elsafs, an der Wied, am Idarwald, und zwischen Salm und Lieser in der Eifel; **Hohenscheid** am Neckar, an der Wupper und in Hessen; **Langenscheid** an der Ennepe und an der Lahn, **Langscheid** in Niederöstreich, an der Hönne in Westfalen, an der Ennepe, an der Wied, an der Erft, an der Nette, bei Bacharach und als Flurnamen in Nassau. Auffallender ist aber, dafs auch seltenere Bestimmungswörter sich mehrfach wiederholen. So heifst **Amelscheid** eine Höhe südlich von Meinerzhagen und ein Dorf an der Schneifel; so entsprechen sich **Ascheid** am Holzbach, älter Arscheid und die Aschiedermühle am Idarwald; **Bescheid**, ein Wald südlich von Bielstein (Lenne) und ein Dorf an der Urft (Eifel); dazu tritt Bescheid am Nordabhang des Hochwaldes, das ursprünglich Bachsceith hiefs; **Bohlscheid**, ein Dorf zwischen Sieg und Bröl, heifst so wie ein Wald nordwestlich der Schneifel; **Brandscheid** auf dem Westerwald stimmt zu Brandscheid in der Eifel; **Bremscheid** findet sich südwestlich von Meschede, an der Lenne und an der Wied; **Bruscheid** bei Kronenberg (Elberfeld) entspricht **Bruschied** an der Lützelsoon; **Burschede** zwischen Ennepe und Ruhr entspricht **Burscheid** südlich der Wupper, zwischen Oure und Prüm, zwischen Sauer und Attert und in Luxemburg; ferner **Burscheidt** a. d. Ruhr bei Ratingen; **Darscheid** findet sich zwischen Sieg und Rhein und an den Quellen der Alf; **Ditscheid**

bei Asbach (Westerwald) und zwischen Elz und Nitze (Eifel); Dorscheid in Nassau und in Luxenburg; Enschede in Overyssel und im Sauerland an der obersten Ruhr; Ettscheid a. d. Wied entspricht einem Ettscheid a. d. Lieser und einem dritten a. d. Oure; Haberscheid in Waldeck erscheint auch am Holzbach im Westerwald; Haarscheid findet sich zwischen den beiden Brölbächen (Sieg), zwischen Ahr und Erft in der Vordereifel und bei Niedeggen in der Hintereifel; Herschede liegt bei Meschede, Herscheid an der Lenne, am Ebbegebirge, an der Wupper, an der Dhün, an der Schneifel, zwischen Kyll und Lieser und als Flurname in Nassau; Hüllscheid liegt an der Lenne, an der Bröl, an der Sieg und an der Schneifel; Krautscheid kommt vor an der Wied und zwischen Oure und Prüm; Lascheid findet sich zwischen Sieg und Rhein, an der Oure, an der Schneifel, zwischen Prüm und Nims; dazu kommt ein Lascheiderhof westlich von Hermeskeil; Lindscheid, Linscheid, Linschede kehrt an verschiedenen Stellen, im ganzen 15 mal wieder; Manderscheid, liegt an der Lieser, ferner zwischen Oure und Prüm, zwischen Oure und Sauer und noch 2 mal in Böhmen. Merscheid findet sich bei Solingen, am Idarwald und 2 mal in Luxenburg; Pattscheid findet sich an der Wupper und in Tirol; Ramscheid bei Meschede, ferner an den Quellen des Olefbachs (Eifel) und in Oberfranken; dazu kommt Ramschied an der Wisper (Nassau) und Rabenscheid im hohen Westerwald; Reiferscheid findet sich an der Wied, an der Bröl, an der Urft und an der Ahr; Römerscheid bei Gummersbach und bei Velbert; Roscheid an der Bigge (Sauerland) und an der Prüm (Eifel); dem Selschede an der obern Röhr (Sauerland) entspricht Sellscheid a. d. Lenne und ein andres bei Velbert; ferner Selscheid in Luxenburg; Wanscheid findet sich bei Breckerfeld (Ennepe) und an der Kyll; Wellscheid im Hochwald entspricht einem Welscheid in Luxenburg; Willscheid an der Wied einem andern am Olefbach (Eifel) und dazu kommt noch der Willscheiderhof östlich Merzig zwischen Saur und Prims.

Vielleicht mögen einige der jetzt gleichlautenden Formen ursprünglich verschieden gewesen sein; immerhin bleiben eine gröfsere Anzahl sehr auffallender Uebereinstimmungen übrig.

IV.
Die Namen auf -auel, -ohl.

Betrachtet man aufmerksam eine Spezialkarte der Gegenden, wo die Namen auf -scheid besonders dicht gedrängt liegen, also des Sauerlandes oder des untern Sieggebietes oder der Gegend um die Schneifel, so findet man zwischen den Namen auf -scheid gröfsere und kleinere Gruppen von Namen auf -ohl oder -auel eingesprengt; und zwar ist das Vorkommen dieser Namen auf diese Gegenden beschränkt; aufserhalb derselben finden sie sich nur ganz vereinzelt.

1. So begegnet in Waldeck ein Bach Olpe bei Neukirchen offenbar aus Ol-apa = Ohlwasser entstanden: bei Arnsberg findet sich Freienohl, Olpe, und die ausgegangenen Orte Ole, Lenol, und Binole, an der Wenne liegt Blessenohl und Bamenohl, am Silberbach, einem Zuflufs der Lenne Hofolpe und Benolpe; an der Bigge Langenohl, an der Mündung des Liesterbachs Liesternohl (weiter hinauf an demselben Bach Liesterscheid); weiter hinauf an der Bigge Weickenohl, Schneppenohl, Kirhefohl (so lese ich auf der Generalstabskarte); an der Lenne Werdohle und die ausgegangenen Orte Bredenole, Einole und Ole, während Wintersohle wohl mit -sohle zusammengesetzt ist; an der Ruhr östlich von Schwerte liegt Haus Ohle; an der Volme Ohl und Rummenohl; westlich der Volme der Hof Linseneuel; am Ebbegebirge Langenohl; bei Gummersbach Ohl und Crummenohl; an der obern Agger Rommelsohl und Benolpe bei Drolshagen; ferner ein Ohl unterhalb Ründeroth und ein Ohl unterhalb Engelskirchen; ferner ein Ohl an der Wiehl und ein Ohl an der obern Sülze nördlich von Lindlar.

2. In dem zweiten Dichtigkeitsmittelpunkt der Namen auf -scheid an der Sieg finden sich: bei Siegburg ein Dorf Auel, ein Gut Auel, ein Weiler Auel, und eine Mühle Auel; ferner ein Auelshof, ein Hof Aulsheck, ein Weiler Aüelen, ein Haus Aüelchen; an der untern Sieg die Orte Oberauel, Büttgenauel oder nach der Karte Bülgenauel, und Bourauel; an der Bröl finde ich die Ingersauermühle; an der Agger unterhalb Altenhonrath Rosauel und Haus Auel; bei Oberscheid den Auelerhof; südlich davon den Auelshof; unterhalb Overath Turnisauel; am Naafbach bei Selscheid den Ingersauelerhof, ferner gegenüber der Rosauel Aüelchen und Krebsauel; bei Lohmar den Auelsbach; bei Mühlheim am Rhein Ober-, Mittel- und Unterauel.

Dazu kommt im Bergischen das Gut **Olpe** südwestlich von Wipperfürth und der Hof **Olpe** bei Lüttringhausen (Kreis Lennep); im Westerwald **Ober-** und **Nieder-Olfen** bei Altenkirchen; in Nassau **Auel** bei Lierscheid und **Aull** bei Langenscheid a. Lahn.

3. In der Eifel findet sich zunächst an der Ahr ein **Recher Auel** und 893 ein jetzt verschwundenes **Degeranauale**.

Sodann liegt an der Rur oberhalb Düren eine ganze Reihe von Orten auf -auel, nämlich **Weidenauel, Leiterauel, Ramsauel, Seifenauel, Rauchenauel, Habersauel**, der **Eschaulerhof, Morsauel** oder **Morsbachauel** und **Schwammenauel**; bei Nideggen heifst auch ein Berg **Mausauel**, ursprünglich hiefs sicherlich die Wiese an seinem Fufse so. An der Urft findet sich bei Gemünd das Dorf **Mauel**, früher zum **Auwel**, sodann **Krummenauel, Bolzenauel** und **Finkenauel**; an der Prüm **Mauel** und **Urmauel**; an der obern Oure **Auel**, die **Lascheidsauelmühle**, die **Dornauelsmühle** und das Dorf **Falkenauel** bei Preischeid; an der Kyll liegt **Auel** westlich von Hillesheim, und ein Zuflufs der Kyll bei Speicher heifst **Aulbach**.

Endlich sei noch hingewiesen auf den Zuflufs der Urft namens **Olef**, 1130 Olefa, und auf den Nebenflufs der Oure namens **Ulf**. Vielleicht gehört auch die **Olewig**, die bei Trier in die Mosel mündet, hierher, alt Olevia, Olivia, wenn sie nicht etwa keltisch ist.

Aufserhalb des -scheid-Gebietes findet sich der Bach **Ulf** in der Wetterau, älter Olaffa, Oloffa, Olfe; der Ort **Eulach** bei Winterthur in der Schweiz, alt Olache und **Altmünsterol** im Elsafs.

4. Auel und ohl ist hervorgegangen aus aval; dies erscheint noch a. 893 in **Degeranauale**; aval ist durch auwel regelrecht einerseits in auel, andrerseits in ol, jetzt geschrieben ohl, übergegangen. Das Wort aval ist offenbar ein masculinum; darauf weist der Name „zum Auwel," wie curtis „ten ole" a. 1300 hin; auch ist an der Wied der Flurname „im Ahlen" nicht selten. „Ten ole" zeigt auch in Verbindung mit „de Ole" a. 1348, „in Lenole" a. 1193, „de Langenole" 1272 und „to dem frienole" und „in vryenole" im 14. Jhd.; sowie „Bredinole" um 1100, dafs die Formen auf e Dative des masculinums sind.

aval ist eine alte l-Ableitung von ava = Wasser, so gebildet wie nagel, strudel, nabel, wirbel, löffel. In der Bedeutung berührt es sich mit dem verwandten ouwa = Insel, Wiese am Wasser; doch ist seine Bedeutung spezieller. Wer je an der Rur von Düren aufwärts gewandert ist, wird die charakteristischen Formen eines

Auels in einer Reihe ausgeprägter Beispiele vor Augen bekommen haben. Die Rur windet sich in zahlreichen Schlangenlinien um die vorspringenden Buntsandstein- und Grauwackennasen; indem sie nun, wie jedes Gewässer, den Bogen allmählich immer convexer gestaltet, läfst sie zwischen sich und dem umflossenen Berge ein halbmondförmiges Stück Land entstehen, das in der Regel mit üppigem Grün bedeckt ist. Diese halbmondförmigen Wiesen zwischen Wasser und Berg heifsen Auel. So ist es auch an der Urft, Oure, Ahr und Sieg; an Lenne und Bigge wird es nicht anders sein. In, den Flurnamen jedoch hat das Wort eine weitere Bedeutung und bezeichnet jede nasse Stelle, ja sogar ein Gosse zwischen Häusern.

V.
Zusammenfassung und vorläufige Ergebnisse.

Es hat sich somit folgendes ergeben:

1. Die Namen auf -scheide und -gescheid sind über ganz Deutschland verstreut; -scheide ist etwas häufiger in Schleswig-Holstein, -gescheid in den bajuvarischen Ländern.

2. Die Namen auf -scheid bilden eine kompakte Masse in Rheinland und Westfalen; innerhalb derselben lassen sich drei Dichtigkeitscentra erkennen, im Sauerland, im Gebiet der untern Sieg und Wied, um die Schneifel herum.

3. Die Bedeutung und der Charakter des Namen auf -scheid ist im ganzen Verbreitungsgebiet derselbe.

4. Es kehren dieselben Namen im Verbreitungsgebiete vielfach wieder.

5. Die Namen auf -auel und -ohl finden sich besonders in den Gebieten, wo die Namen auf -scheid ihre gröfste Dichtigkeit erreichen. Daraus ergiebt sich zunächst die Richtigkeit des oben mitgeteilten Satzes Förstemanns: An dem Deutschtum dieser ganzen Gruppe von Namen auf -scheid kann nicht gezweifelt werden.

Man kann „scheid" von „scheide" und „gescheid" so wenig trennen, wie „mund" (in Dortmund) von „münde" (in Angermünde) und „Gmünd," oder roth und rath (in Grefrath) von rode (in Osterrode, Gernrode) und Gereut (in Grütli). Nun sind aber die Namen auf -scheide und -gescheid über ganz Deutschland verbreitet, an ihrem Deutschtum kann man nicht zweifeln, also auch nicht an dem

Deutschtum der mit -scheid zusammengesetzten, das offenbar nur dialektisch von scheide und gescheid geschieden ist.

Ferner ergiebt die Bedeutung der deutschen Wurzel scheiden eine den Thatsachen aufs beste entsprechende Erklärung der Ortsnamen auf -scheid: sie bedeuten in weitaus den meisten Fällen eine Wasserscheide, einigemal eine politische Scheide. Damit dürfte denn der mehrfach gemachte Versuch, die Namen auf -scheid in den Verdacht keltischer Abstammung zu bringen, endgültig zurückgewiesen sein.

Ein gleiches mufs von den Namen auf -ohl, -auel gelten. Sie lassen sich von den Namen auf -scheid nicht trennen, deren Korrelat sie bilden; wo die Berge zwischen Wasserläufen Scheid heifsen, heifsen die sichelförmigen Wiesen am Fufse derselben Auel, Ohl. Auch bei ihnen ergiebt die Ableitung aus dem Deutschen eine durchaus befriedigende Deutung. Ich mufs daher Müllenhof widersprechen, der in -ohl ein keltisches Wort annimmt.

Das zweite Ergebnis ist das, dafs wir das Sauerland, die Siegmündung und das Gebiet um die Schneifel als Etappen auf der Wander- und Siedelungsstrafse eines deutschen Stammes anzusehen haben.

Nur diese Annahme erklärt alle vorliegenden Thatsachen befriedigend; besonders zwingt die Wiederkehr so vieler Namen auf -scheid und der übereinstimmende Charakter der Bestimmungswörter zur Annahme eines gemeinsamen Ursprungs. Dafs die Richtung der Wanderung des betreffenden Stammes vom Sauerland nach der Siegmündung und von da nach der Eifel ging, ergiebt sich aus der gleich gerichteten Bewegung aller deutschen Wanderungen.

Ehe nun auf das Einzelne weiter eingegangen werden kann, mufs der Versuch gemacht werden, zu bestimmen, welchem deutschen' Stamme wir die Namen auf -scheid und -auel zuschreiben dürfen.

VI.
Die Ampsivarier.

Während wir über die Bewohner des Rheinlandes schon von Caesar (50 vor Chr.) manches Wichtige hören, werden die Bewohner Westfalens erst in den schweren Kämpfen der ersten römischen Kaiser gegen die Deutschen erwähnt. Diese Kämpfe brachten sehr bedeutende Verschiebungen in den Wohnsitzen der westdeutschen

Stämme mit sich, welche etwa um das Jahr 100 n. Chr., als Tacitus seine Germania schrieb, zum Abschlufs gekommen waren.

Versuchen wir an der Hand der antiken Schriftsteller, Vellejus, Tacitus, Ptolemaeus, Florus, Cassius Dio, Strabo uns ein Bild von der Verteilung der deutschen Weststämme um diese Zeit zu machen, so gelangen wir zu folgenden Ergebnissen*).

Auf dem linken Rheinufer wohnten an der Mündung die **Bataver**, weiter hinauf bis Neufs die **Cugerner**, das sind die früheren Sygambrer; von Neufs bis oberhalb Sinzig (wahrscheinlich bis zur Mündung des Pfingstbaches bei Niederbreisig) die **Ubier**; dann folgten bis zur Nahe die keltischen **Trevirer**.

Auf dem rechten Rheinufer wohnten den Trevirern gegenüber, also im heutigen Nassau, chattische Stämme, die **Ingrionen** und **Intuergen**; den Ubiern, also Köln gegenüber, die **Tencterer** (siehe Tac. hist. IV, 64); rheinabwärts, den Cugernern gegenüber, also abwärts von Düsseldorf, die **Usiper** (das ergiebt sich deutlich aus Cassius Dio 54, 32, 1 und aus Florus II, 30, 23).

An die Usiper schliefsen sich die **Chattuarier** und an diese die **Canninefaten** (dies folgt aus Velleius 2, 105 in Verbindung mit Tac. Germ. 32; die Chattuarier wohnten westlich von den Bructerern; ebenso die Chamaver; und dafs die Chattuarier südlich von den Chamavern wohnten, zeigt die Lage der spätern Gaue pagus Chattuariensis und Hamaland).

Eine dritte weiter östlich wohnende Reihe von Völkern bilden die **Friesen** an der Nordsee östlich von den Canninefaten, zwischen ihnen und den Chattuariern die **Chamaver**, südöstlich von diesen die **Bructerer**, von der südlichen Ems über die Lippe bis zur Ruhr (in ihnen sind vielleicht die in den Römerkämpfen stark mitgenommenen **Marser** aufgegangen).

Von den Tencterern östlich wohnen die **Tubanten**, also im Oberbergischen und an der obern Sieg; und von diesen östlich und südlich die **Chatten**.

Es bleibt somit eine Lücke, nämlich die Gegend östlich von den Usipern, südlich von den Bructerern, nördlich von den Tubanten, nordwestlich von den Chatten und westlich von den Cheruskern, die an der mittleren Weser bis nach dem Harze hin wohnten. Dies ist genau das heutige Sauerland an der obern Ruhr, Lenne, Bigge, Ennepe, Volme und um das Ebbegebirge herum.

In diesem Gebiete nun wohnten damals, das heifst um 100 n. Chr. die **Ampsivarier**.

Das ergiebt sich aus Folgendem.

---

*) Siehe die Karte am Ende des Buches.

Die Ampsivarier müssen ursprünglich westlich von den Chauken gewohnt haben; also vielleicht an der untern Ems, mögen sie nun ihren Namen von der Ems = Amisia haben oder nicht. Sie waren wie die Chauken Bundesgenossen der Römer zur Zeit Armins unter ihrem Häuptling Boiocalus. Im Jahre 58 n. Chr., so erzählt Tac. annal. XIII, 55 u. ff. vertrieben die Chauken ihre Nachbarn, die Ampsivarier, aus ihren Sitzen. Letztere waren ein zahlreiches Volk (validior gens non modo sua copia, sed...). Sie erschienen auf dem rechten Ufer des Niederrheines, wo weite Landstrecken brach lagen (agros vacuos et militum usui sepositos, d. h. wohl um als Weideland für das Vieh der Legionen zu dienen).

Diese Striche waren früher von den Chamavern, dann von den Tubanten und den Usipern besetzt gewesen, aber die Römer hatten keine dauernde Ansiedlung eines germanischen Volkes dort gelitten. Noch kurz vorher hatten sie die Friesen von dort vertrieben. Auch jetzt verbot der römische Befehlshaber die Niederlassung auf dem fraglichen Gebiet. Trotzdem sich der greise Ampsivarierhäuptling Boiocalus darauf berief „vinctum se rebellione Cherusca iussu Armini, mox Tiberio, Germanico ducibus stipendia meruisse et quinquaginta annorum obsequio id quoque adiungere, quod gentem suam dicioni (Romanorum) subiceret." Die heimatlosen Ampsivarier drohten mit Gewalt und suchten Hilfe bei den Bructerern, Tencterern und entfernteren Stämmen (wohl Tubanten, Chatten); aber die Römer zwangen die Tencterer und Bructerer und die sonstigen Freunde der Ampsivarier dadurch, dafs sie bei Köln über den Rhein ins Gebiet der Tencterer eindrangen und von Obergermanien (von Coblenz aus?) ebenfalls mit einem Heere drohten, ihre Landsleute im Stich zu lassen. So wichen denn die Ampsivarier allein gelassen vom Rhein zurück (retro gens Ampsivariorum concessit). Die Usiper und Tubanten wiesen sie von ihrem Gebiete ab, ebenso die Chatten und die Cherusker (man wird hinzufügen dürfen, auch die Bructerer). Sie entschwanden den Blicken der Römer und schienen zu Grunde gegangen zu sein. Tacitus berichtet wenigstens: errore longo hospites egeni hostes in alieno quod inventutis erat caeduntur, imbellis aetas in praedam divisa est. In Wirklichkeit waren sie, wenn auch politisch für längere Zeit ohne Bedeutung, keineswegs vernichtet. Denn sie treten uns im 4. Jahrhundert wieder als einer der Hauptstämme der Franken entgegen. Sie müssen sich also zwischen den Völkern, die sie vergeblich um Aufnahme baten, in dem rauhen, gebirgigen Lande an Lenne und oberer Ruhr behauptet haben, eben im Sauerlande.

Dieser Meinung ist auch Zeuss, die Deutschen und die Nachbarstämme S. 341. 42.

Können wir somit mit grofser Wahrscheinlichkeit als Bewohner des Sauerlandes um das Jahr 100 n. Chr. die Ampsivarier annehmen, so wissen wir aus den nachfolgenden Jahrhunderten wieder fast nichts von den Schicksalen dieser Gegend. Erst gegen das Jahr 400 dämmert wieder das Licht der Geschichte über den Rheinlanden.

Um 400 sind die salischen Franken, die an den Batavern, Canninefaten, Cugernern (Sygambrern) und Chattuariern entstanden sind, zum Teil schon weit auf dem linken Rheinufer in der ehemaligen Provinz Germania inferior verbreitet. Dort trifft sie der Kaiser Julian.

Die Chattuarier waren wohl der östlichste Stamm dieser salischen Franken. Als im 6. Jahrhundert die Gauten (Geátas im Beowulf), ein Stamm der Nordgermanen im heutigen Gotland unter ihrem Könige Hygelac einen Raubzug nach dem Rhein machten, waren ihre Feinde die Friesen und die Hetvaren-Franken. Diese Stämme werden von den Chauken nach Westen gedrängt, die ihrerseits wohl von den Saxen (Warnen und Angeln?) in Bewegung gesetzt waren.

Ferner werden in dieser Zeit die Chamaven genannt, und als Hauptbestandteile der Franken am Mittelrhein die Brukterer und die Ampsivarier; in der notitia dignitatum erscheinen auch noch die Tubanten und die Mattiaker. Verschwunden dagegen sind die Usiper und die Tenkterer.

Ueber die damaligen Wohnsitze dieser mittelrheinischen später mit dem Gesamtnamen Ripuarier bezeichneten Stämme erfährt man einiges aus Gregors von Tours fränk. Geschichte, 2. 9. Er erzählt dort nach Sulpicius Alexander: Eo tempore (gemeint ist das Jahr 388) Genobaude, Marcomere et Sunnone ducibus Franci in Germaniam prorumpere (d. h. die Ripuarier fielen in Germania inferior ein); ac pluribus mortalium limite inrupto caesis etiam Coloniae metum incusserunt; d. h. sie bedrohten Köln; welcher limes gemeint ist, bleibt unklar. Bald darauf wird von dem Jahre 392 erzählt: eodem anno Arbogastes Sunnonem et Marcomerem subregulos Francorum gentilibus odiis insectans, Agrippinam rigente maxime hieme petiit, gnarus tuto omnes Franciae recessus penetrandos urendosque cum decussis foliis nudae atque arentes silvae insidiantes occulere non possent. Collecto ergo exercitu, transgressus Rhenum, Brucleros ripae proximos, pagum etiam quem Chamavi incolunt, depopulatus est, nullo unquam occursante, nisi quod pauci ex Ampsivariis et Catthis Marcomere duce in ulterioribus collium iugis apparuere. Dazu bemerkt Zeuss ganz richtig (S. 311): Der Zug war also von Köln aus auf dem östlichen Ufer abwärts gerichtet, durch das Land der Bructerer an der Ruhr und von da ins Gebiet der Chamaven, jenseits der Lippe; im Hintergrunde, auf den Höhen, zeigen sich Chatten und Ampsivarier. Es folgt daraus, dafs damals (um 400 n. Chr. Geburt) gegenüber Köln die Bructerer wohnten und dafs ihre nördlichen Nachbarn die Chamaver waren. Da über die Sitze der Chatten kein Zweifel sein kann, so müssen die Ampsivarier wohl zwischen den Bructerern und den Chatten am Rhein zu suchen sein, d. h. an der Mündung der Sieg und Wied. Die Stämme auf dem rechten Rheinufer folgen sich um 400 n. Chr. von Nord nach Süd also in dieser Ordnung: Friesen, Chauken, Chamaver, Bructerer, Ampsivarier, Chatten*).

Ueber die Sitze der Tubanten erfahren wir nichts; doch hindert nichts anzunehmen, dafs sie in ihren alten Sitzen an der obern Sieg geblieben sind. Die Usiper und Tencterer sind verschwunden. Bedenkt man, dafs damals schon alle diese Völker meist mit dem gemeinsamen Namen Franken genannt werden, und dafs durch diesen neuen Namen sehr bald auch der Name der Ampsivarier und Bructerer verdrängt wird, so wird man es nicht für unwahrscheinlich halten, dafs auch die Usiper und Tencterer mit unter den Franken, den späteren Ripuariern, verstanden werden. Sie werden in der Rheinebene von Bonn abwärts auf dem rechten Ufer gewohnt haben (sie waren ein Reitervolk) und mit den von den Bergen vorrückenden Bructerern und Ampsivariern zu dem neuen Stamme der ripuarischen Franken verschmolzen sein.

Im Laufe des 5. Jhd. nach Chr. sind nun nicht nur die salischen Franken weiter in Gallien vorgedrungen und haben daselbst nach Zerstörung des letzten Restes der Römerherrschaft das fränkische Reich gegründet, sondern auch die ripuarischen Franken haben den Rhein überschritten und sich jenseits angesiedelt. Im Jahre 412 ist Trier zum 2. mal und 440 zum 4. mal von Germanen geplündert worden, um dieselbe Zeit auch Köln und Mainz. Sie sind zuletzt von Aetius bekämpft worden, dann aber, in pace suscepti sumt; 452 sind sie Bundesgenossen der Römer gegen Attila.

Ueber das nähere fehlen uns alle Nachrichten; wir wissen besonders aus schriftlicher Ueberlieferung nichts davon, wo die einzelnen Stämme, die Chatten, die Ampsivarier, die Bructerer u. s. w. am linken Rheinufer sich niedergelassen haben. Nur das ist bekannt, dafs sie in einen schweren Kampf mit den Alemannen gerieten, die

*) Siehe die Karte am Ende des Buches.

schon früher von Süden aus ziemlich weit stromabwärts am Rhein sich ausgedehnt hatten, und dafs in diesem Kampfe die Alemannen dem Bunde der salischen und ripuarischen Franken (und so darf man vermuten, auch der Chatten) erlagen.

VII.
Endergebnis.

Wenden wir uns nach diesem Gange durch die älteste Geschichte der Rheinlande wieder der Gegenwart zu.

Arnold hat in seinem Buche: „Wanderungen und Siedelungen deutscher Stämme" erwiesen, dafs die Gegenden zwischen Mosel und Nahe von Chatten besiedelt worden sind. Und zwar ist ihm dieser Nachweis durch die Vergleichung der heutigen Ortsnamen im chattischen Stammlande mit den linksrheinischen gelungen. Etwas ähnliches kann man für die Ampsivarier versuchen.

Es ist erwiesen, dafs die Ampsivarier einst im Sauerlande wohnten, und später an der untern Wied und Sieg; beide Gegenden sind heute Mittelpunkte der Dichtigkeit der Ortsnamen auf -scheid und -auel (ohl). Finden wir nun heutzutage an der Schneifel einen dritten solchen Dichtigkeitsmittelpunkt für die Namen auf -scheid und -auel, so wird es nicht zu kühn sein, anzunehmen, dafs die Ampsivarier sich besonders um die Schneifel herum niedergelassen haben. Man wird dabei von der Voraussetzung ausgehen dürfen, dafs zwar die Ortsnamen auf -scheid, -scheide, -gescheid in ganz Deutschland bekannt und gebraucht waren, dafs aber die Ampsivarier mit ganz besonderer Vorliebe die scheidenden Höhen -scheid und die sichelförmigen Wiesen am Wasser -auel benannten; dafs also eine dichtere Anhäufung dieser beiden Namen eine Ansiedlung der Ampsivarier kennzeichnet.

Unter dieser Voraussetzung wird man nunmehr die Wanderungen und Siedelungen der Ampsivarier folgendermafsen schildern können*):

Die Ampsivarier safsen bei Beginn unserer Zeitrechnung an der Ems; vielleicht zeugen von dieser ihrer ältesten Heimat auch die Namen Enschede und Leschede an der Ems. Sodann von den Chauken vertrieben, gelangen sie nach längerem Umherwandern (errore longo sagt Tacitus) ins Sauerland; hier haben sie sich rings um das Ebbegebirge, besonders im Nordwesten desselben an Lenne, Volme, Ennepe bis zur Ruhr aber auch an der Bigge und die Lenne

---
*) Siehe die Karte am Ende des Buches.

und Ruhr aufwärts bis an die Diemel ausgedehnt. Im Norden bildete etwa die Ruhr die Grenze gegen die Bructerer, östlich grenzten sie an die Cherusken, südöstlich an die Chatten und südlich an die Tubanten. Die einzelnen Namen auf -scheid und -auel im cheruskischen Waldeck und dem chattischen Hessen können auf versprengte ampsivarische Ansiedler zurückgehen. Dazu paíst es, dafs die Ansiedlungen in Hessen nicht recht gediehen und bis auf wenige eingingen. Als dann im 2. und 3. Jhd. die Volksmenge der deutschen Stämme mehr und mehr zunahm, zugleich von Nordosten her die sächsischen Stämme nachdrängten uud der Widerstand der römischen Heere am Rheine zu erschlaffen anfing, da einigten sich die bis dahin vereinzelten Stämme der Rheindeutschen zu Offensivbündnissen. In solchem Bunde müssen die Ampsivarier mit den Bructerern und mit den Chatten gestanden haben. Ein Teil der Ampsivarier scheint mit den Bructerern gemeinsam das Land an Ruhr und Wupper bis zum Rhein besetzt zu haben; wobei die Rheinebene selbst den Tencterern verblieb; so erklären sich die nicht ganz seltenen, wenn auch verstreuten Namen auf -scheid und -ohl in diesen Gegenden. Die Hauptmasse der Ampsivarier dagegen rückte durch die nach Südwesten hinabführenden Thäler der Sülze, Agger, der beiden Brölbäche bis in die Gegend, wo diese Gewässer sich mit der Sieg vereinigen und liefs sich an und hinter dem Siebengebirge nieder. Von hier überstiegen sie die Wasserscheide gegen die Wied, das Leuscheid, und besetzten auch das mittlere Wiedgebiet in geschlossener Masse. Hier finden wir sie am Ende des 4. Jhd. unter ihrem Könige Markomer im Bunde mit den Chatten. Später finden wir hier den Duizich-, Aval- und Engersgau. Wie der Duizichgau von seinem Hauptort Deutz, der Engersgau von Engers, der gegenüberliegende Bonngau von Bonn, dürfte auch der Avalgau von einem der zahlreichen Auel, die in ihm an Sieg und Agger lagen und noch liegen, seinen Namen haben, vielleicht von dem Dorfe Auel bei Siegburg. Sollte nun nicht auch der höchste Berg des Auelgaus, der den ganzen Gau weithin sichtbar überragt, und der sicherlich eine alte Gerichtsstätte, vielleicht die für den ganzen Gau, trug, der Oelberg, denselben Namen tragen, wie der Gau? Sollte nicht Oelberg aus Aul- oder Aüelberg entstanden sein?

Dafs die Ampsivarier im Bunde mit den Chatten erscheinen, dürfen wir als Fingerzeig benutzen, um die Namen auf -scheid und -auel in Nassau zu erklären: ampsivarische Scharen werden den Chatten im Kampfe mit den Alemannen, die auch Nassau eine Zeitlang besetzt hatten, beigestanden haben und sich dort niedergelassen haben. Die -scheidarme Gegend an der obern Sieg (im eigentlichen Siegerland) und an der Nister dürfte den Tubanten zuzuschreiben sein, die sich vielleicht auch in einem schmalen Streifen bis zum Rhein zwischen Wied und Saynbach durchgedrängt haben, wenn auch vielfach mit Ampsivariern und Chatten gemischt; dem würde der dem Siegerländer so nahe verwandte Saynische Dialekt in der Altenkircher und Dierdorfer Gegend entsprechen.

Im 5. Jhd. sind dann die Brukterer, Tencterer, Usiper, vielleicht auch ein Teil der Chamaver allenthalben von Bonn abwärts über den Rhein gegangen, mit ihnen auch ein Teil der Ampsivarier, denen wir die einzelnen Namen auf -scheid bei Geldern, Erkelenz, Heinsberg und bei Aachen zuschreiben dürfen. Die Hauptmasse der Ampsivarier aber ist von der Sieg und Wied aus das Ahr- und Nettethal hinaufgezogen und weiter bis zur Schneifel, um die herum sie sich ähnlich ansiedelten, wie im Sauerland um das Ebbegebirge. Hier sitzen sie in geschlossener Masse an der obern Rur, Urft, Olef, an der obern Oure und Sauer in Luxenburg, an der Prüm und Kyll, an Lieser, Salm und Alf. Im Westen reichen sie bis an die französische Sprachgrenze, im Süden bleiben sie fast überall ein gutes Stück von der Mosel entfernt, die man als die Wanderstrafse der Chatten wird ansehen müssen und im Südosten bildet das Maifeld eine auffallend -scheidarme Gegend; sollten hier Tubanten sitzen, die von Sayn und Wied herübergekommen wären?

Die eigentliche neue Heimat der Ampsivarier sind die Gegenden von Montjoie, Schleiden, Prüm, Dasburg, Diekirch, Bittburg und Daun. Diese Gegend umfaßt die Quellgebiete der Eifelflüsse mit ihren Aueln und innerhalb dieses Gebietes liegt auch der spätere pagus Aiflensis. Sollten die Ampsivarier aus dem Auelgau nicht hier den alten Namen ihrer Heimat wiederholt haben? d. h. sollte nicht Eifel*) mit Avalgau zusammenhängen? Dann würde die alte Vermutung, dafs die Eifel ihren Namen vom Wasser habe, sich bestätigen.

Aber auch von Nassau aus müssen mit den Chatten vermischt Ampsivarier den Rhein überschritten haben. Bei Oberwesel liegt eine ganze Gruppe von Ortsnamen auf -scheid, die vermuten läfst, dafs hier eine Ampsivarierschaar überging und zum Teil sich nieder-

---

*) 762 pagus Efflinsis; beruht auf älterem Aflia aus Awalia, mit Verschiebung des Tones auf die erste Silbe und Verhärtung des w in f, wie in Käñg aus lat. cavea.

liefs; die andern zogen weiter teils nördlich vom Soon-, Idar- und Hochwald bis zur Saar, teils südlich davon bis zum Köllerthalerwald und Saarbrücken, ja bis Lothringen und ins Elsafs; andre endlich noch südlicher über die Nahe und zwischen Nahe und Glan bis in die Pfalz hinein, überall ihre Spuren durch Ortsnamen auf -scheid verratend.

Was endlich die wenigen versprengten Namen auf -scheid und -auel im übrigen Deutschland betrifft, so sind sie zum Teil auf spätere Kolonisation zurückzuführen, wie die beiden Manderscheid in Böhmen und Hegenscheidt in Schlesien, noch jünger dürften die Pottscheiderhütten in Böhmen sein; andre mögen durch einzelne zugewanderte Franken gegründet sein, noch andere können auch bodenständig sein, da ja auch andre Stämme das Wort -scheid kannten, wenn sie es auch nicht so mit Vorliebe anwandten, wie die Ampsivarier.

Vielleicht schon in Folge der Wanderung an den Rhein, sicher aber nach dem Uebergange eines grofsen Teiles der Bructerer und Ampsivarier über den Rhein, war die alte Heimat in Westfalen an die nachdrängenden Sachsen verloren gegangen. Man wird sich nicht vorzustellen haben, dafs diese Gebiete gänzlich von den alten Bewohnern geräumt wurden; es blieben sicherlich eine Anzahl zurück, die sich aus irgend welchen Gründen von der Heimat nicht trennen konnten; sie gingen in den neuen sächsischen Ansiedlern auf; überlieferten ihnen aber die Namen der Berge, Flüsse und Gehöfte. So geschah es regelmäfsig bei Unterjochung eines Volkes durch ein andres; vergl. unter andern Const. Koenen in den Rhein. Geschichtsblättern 1894. Heft 2, S. 70. So erklärt sich die Erhaltung der Namen auf -scheid und -ohl in den später sächsischen Gebieten des Sauerlandes und Oberbergischen. Vielleicht haben auch die Westfalen den Begriff und Namen des Scheides und des Auels sich angeeignet und auf neue Ansiedlungen angewandt; besonders wo die alten Siedlungen auf -scheid und -ohl sehr dicht lagen, konnte die Analogie zur gleichen Benennung neuer Siedlungen führen.

Ob aufser den Ortsnamen von den Ampsivariern im Sauerlande noch irgendwelche Spuren zeugen, ist mir nicht bekannt. Der Sauerländer unterscheidet sich durch Mundart und Sitte vom Münsterländer; ob sich aber darin noch eine Nachwirkung der älteren Bevölkerung, der Ampsivarier und Brukterer zeigt, oder andre Ursachen hier wirken, mufs dahin gestellt bleiben.

Vorbemerkung zum Namenverzeichnis.

*	bedeutet, dafs der Ort nicht mehr existiert.
Görz	= Görz, Mittelrheinische Regesten. Koblenz 4 bd.
Beyer	= Beyer, Urkundenbuch zur Geschichte der Regierungsbezirke Koblenz und Trier. Koblenz 1860 ff.
Vogel	= Vogel, Beschreibung des Herzogtums Nassau. Wiesbaden 1843.
Lc.	= Lacomblet, Urkundenbuch für die Geschichte des Niederrheins. Düsseldorf 1840-58.
Arnold	= Arnold, Ansiedlungen und Wanderungen deutscher Stämme. Marburg 1881.
Först. N.	= Förstemann, Altdeutsches Namenbuch II. Ortsnamen Nordhausen 1872.
Kehrein	= Kehrein, Nassauisches Namenbuch. Leipzig 1891.
Seibertz	= Seibertz, Landes- und Rechtsgeschichte des Herzogtums Westfalen. Arnsberg 1843.
Günther	= Günther, Codex diplomaticus Rheno-Mosellanus. Koblenz 1822—26.
Erhard	= Erhard, regesta historiae Westfaliae. Münster 1847.

Dorf- und Bergnamen auf -scheid.

Adelscheid, am —, Kotten bei Wülfrat; zu Adalo.

Allscheid, dicht an der Quelle der Alf; wird auch Alt-scheid geschrieben; vielleicht aber aus Alfscheid entstanden.

Alperscheid, auch Alberscheid, bei Olpe a. d. Bigge.

Altscheid, zwischen Oure und Prüm, auch Alscheid; c. a. 800 Althasa? Görz I, 419.

Altscheid, Karte Alscheid westl. der Clerf in Luxbg.

Alscheid, Grofs- und Klein-, Höfe bei Ratingen links der untern Ruhr.

Amelscheid, ein Bergwald südl. von Meinerzhagen.

Amelscheid, Ort südl. der obern Oure an der Schneifel; nicht am Amelbach (Amblève), der etwas nördlicher fliefst; a. 893 Ambelsceyt, Beyer I, 154.

Angschied oder Angeschied a. d. Wisper, ebenso schon a. 1268 Vogel, S. 639.

Arnscheid, Bergwald südl. Bilstein a. d. Veischede.

Ascheid, Ort am Holzbach (Nbfl. der Wied); a. 1244 Henricus de Arsceit Beyer III, No. 805; a. 1257 Heinrich de Arscheit Lc. II, S. 424.

Aschiedermühle, am Südabhang des Idarwalds.

*Astarnascheit, in pago Bunnensi (bei Ottenheim, ³/₄ M n. Euskirchen) a. 856, Beyer I, S. 97.

Aulenscheid, Bergwald in Kurhessen.

Auscheid Ort an der Prims (Nbfl. der Saar).

Auscheidt, Bergrücken zwischen Weil und Solmsbach

Bachscheid im Unterelsafs.

Baunscheid, Bergwald a. d. Veischede.

Barnscheid, Ober- und Nieder-, Höfe bei Kettwig a. d. Ruhr; a. 1160 Heinrich de Bardensceide Lc. I. 402; a. 1139 Bantsscheid Lc. I, 333?
Basselscheid, nw. von Oberwesel nach der Mosel zu.
*Bauerscheid, ausgeg. Ort in Kurhessen zwischen Lollar und Kirchberg; a. 1487 Burschijt, Arnold, S. 345.
Baunscheid, a. d. Ennepe bei Hagen.
Bauscheid, am Holzbach.
Beenscheid, a d. Ennepe bei Hagen.
Beischeid, in Krain, sl. Psata, ob überhaupt hierher gehörig?
Belkenscheid, n. vom Ehbegebirge.
Bellscheid, bei Ratingen.
Bellscheid, Waldort in Kurhessen.
Belscheid, zw. Oure und Prüm; a. 1136 Belsceit, Beyer I, 544.
Bennerscheid, hinter d. Siebengeb.
Bergscheid zwischen Agger u. Sülze.
Bermscheid, Bezirk im Balver-Wald zwischen Lenne und Ruhr.
Berrescheid, zw. Olef und Rur*).
Berscheid, Ban-, bei Montabaur. a. 1200 Gerenscheid, Beyer II, S. 423.
Berscheid, Heil-, nicht weit vom vorigen, aber älter Bergenscheid, Vogel, S. 741
Berscheid, auch Perscheid, n. der Ahr, südl. Rheinbach.
Bescheid, zw. Oure und Prüm.
Bescheid, Bergwald südl. v. Bilstein an der Veischede.
Bescheid, östl. Gmünden a. Urft.
Bescheid, am Nordabhange des Hochwalds; a. 1030 Bachsceith, Beyer I, 353; a. 1277 Buscheid, Görz IV, No. 418.
*Bettenscheid, ausgeg. Ort in Kurhessen; a. 1330 Bettenscyd; Arnold S. 345; zu Betto, wie Bettenhausen, Bettendorf.
Beutenscheid, Höfe bei Velbert.
Bierscheid, am Bierbach (Bieberbach ?) zwischen Salm und Lieser.
Bistscheid, nördl. v. Köllerthalerwald.

Binscheid, zw. Oure und Prüm.
*Birkescheit, Wald bei Kloster Himmerode (Kreis Wittlich); a. 1234 Birkescheit Görz II. No. 2137; a. 1235 Birscheit ebenda; a. 1289 Birkscheit Görz III. No. 114; a. 1274 Birkinscheid.
Bisterscheid, zw. Moschelbach u. Alsenz in der Pfalz; a. 1128 Bisderischeit Beyer I, 521.
Blascheid, zw. Alzette u. Sauer in Lxburg.
Bleischeid, östl. der Wied.
Blügenscheid, auch Blüggelscheid, s. ö. v. Meschede.
Bolscheid, auch Bohlscheid, Ober- u. Nieder-, zw. Sieg und Bröl bei Eitorf.
Bohlscheid, ein Bergwald an der obern Oure nw. der Schneifel.
Bornscheid, bei Lennep.
Bornscheid, zwischen Bröl und Sieg.
Borscheid, östl. der Wied.
Bouderscheid, zwischen Wiltz und Sauer (Lxbg).
Bourscheiderm ühle, bei Hallenberg Kr. Brilon.
Bradscheid, Bergwald östl. Densborn zw. Kill und Lieser; ? vielleicht a. 1287 Brandscheid, Görz IV. No. 1410.
Brandscheid, im Westerwald im Quellgebiet des Elbbachs.
Brandscheid, Unter- und Ober-, südwestl. v. d. Schneifel; a. 1405 Dietrich und Coyngen von Brantscheit Lc. IV, 40.
Branscheid; im Quellgebiet der Bröl bei Waldbröl.
Branschied, Försterei westl. v. Kirchberg im Hunsrück.
Bredenscheid, bei Bochum; 11. Jhd. Bredensceth. Först. N. II, S. 316.
Breidscheid, bei Ratingen; a. 1163 Breidscheid Lc. I, 406; a. 1302 Breytscheyd Lc. III, 18.
Breidscheid, südöstl. von Adenau (Eifel); a. 1155 de Breitsceit Beyer I, S. 652; a. 1157 de Brethsceit Beyer I, S. 657; a. 1216 de Breitsceit Görz II,

*) So schreibt man am besten den linksrh. Namensvetter der Ruhr, nicht holl. Roer.

1287; a. 1220 de Breitsceit Görz II, 1518.
*Breitenscheid, ausgeg. Ort in Nassau, Amt Wehen Kehrein, S. 170.
*Breitenscheid, ausgeg. Ort in Kurhessen bei Heina Arnold S. 344.
Breitscheid, südl. der Sieg bei Hamm.
Breitscheid, östl. der Wied.
Breitscheid, auf dem Westerwald im Quellgebiet der Dill; a. 1190 Bredinscheit, Kehrein S. 170.
Breitscheid, südl. von Oberwesel.
Breitscheid, am Holzbach.
Breitscheid, zwischen Agger u. Bröhl am Wahnbach.
*Bremescheid, bei Wallenborn Kr. Dann; a. 1225 Beyer III, 205.
Bremscheid, zwischen Wied und Rhein.
Bremscheid, Nieder-, Ober-, südwestlich von Meschede im Gebiet der Wenne bei Eslohe; ? a. 1382 in Bredenscheid, Seibertz III, S. 533.
Bremscheid, östl. v. Altenhundem (Lenne).
Brenschede, an den Quellen der Röhr (Arnsberg).
Brenschede, auf der Karte Breschede, südlich von Meschede; a. 1313 in Bredenscede Seibertz III, S. 119.
Brenschede, nördl. v. Ebbegebirge.
Brenschede, bei Bochum.
Brenscheid, südl. Lüdenscheid.
Brenscheid, zwischen Lenne und Volme; westl. von Altena.
Brenscheid, zwischen Volme und Ennepe bei Breckerfeld.
Brenscheid, zwischen Volme und Ennepe nordw. v. Halver; a. 1364 in Brenscheide in par. de Halver Seibertz II, S. 601; in Brentscheide, ebenda.
Brenscheid, Hof westl. v. Altena zw. Lenne u. Volme.
Brenscheid, bei Werden an der Ruhr.
Brockenscheid, bei Recklinghausen Rgbzk. Münster.
Brockscheid, östl. der Lieser.
Broschoid, zwischen Wahnbach und Bröl.

Broscheid, bei Mettmann.
Bruuscheid, südl. v. Altena.
Bruscheid, bei Kronenberg (Elberfeld).
Bruscheid, an der Lützelsoon.
*Buelcheit, nördl. v. Hochwald? a. 1274 Görz IV, No. 29.
Büscheid, a. d. Lieser.
Burdscheid, Hof nördlich von Altenahr.
Burschede, zwischen Ennepe u. Ruhr; a. 1300 in Bursceide Seibertz III. S. 107.
Burscheid, südl. der Wupper bei Opladen.
Burscheid, zwischen Oure und Prüm; a. 1430 Bernhart zu Borschait Lc. IV, 195.
Burscheid, zwischen Sauer und Attert in Lxburg; a. 1290 de Bourscheit Görz IV, No. 1730.
Burscheider Maner, am Kailbach (Nbfl. der Kill); a. 1261 Burscheidterbach Görz III. No. 1707; a. 1292 de Burxeit Görz IV, No. 2011; in der Nähe liegt das Dorf Burg bei Landscheid.
Burscheid, bei Saarburg a. Saar; a. 1196 Konradus de Bursceit, archid. in Trier; Görz II, No. 771.
Burscheidt, bei Ratingen a. Ruhr.
Burtscheid, am Nordabhang des Hochwalds; a. 1330 Burscheit, Beyer III, S. 290.
Burtscheid, sw. v. Aachen, urspr. Abtei; a. 1029 Porcit, Lc. I, 166; a. 1039 Buorcit, Beyer I, 366, hat urspr. wohl nichts mit -scheid zu thun.
Bucherscheid, nw. v. Geilenkirchen.
Buschied, Wald u. Ort n. v. Kirschberg (Hunsrück).
Camscheid, zw. Volme und Ennepe, w. v. Halver.
Courscheid, zw. Sieg und Rhein; a. 1064 Chorinscheid, Lc. I, 203; a. 1076 Kornscheidh, Lc. I, 228; a. 1131 Cuorneskeit, Günther I, S. 212; a. 1218 Curnesceith Lc. II, 79; a. 1223 Cornscheyt Görz II, 1624.
*Craxsceit, im Kr. Saarburg, Forst dem Kl. Prüm gehörig. a. 893, Beyer I, 178.

Dackscheid, Dorf u. Berg zw. Oure u. Prüm.
Dackscheid, zw. Prüm und Nims.
Dalmerscheid, Unter-, Ober-, im Quellgebiet des Olefbachs (Nbfl. der Urft).
Damscheid, südl. Oberwesel; a. 1257 Johannes de Dameschelt Beyer III. S. 998; a. 1286 Emmelmann v. Damesceit Görz IV, No. 1316.
Dankelscheid, bei Münster (Westfalen).
Danscheid, zw. Wied und Ahlbach
Darscheid, zw. Sieg n. Rhein.
Darscheid, a. d. Quelle der Alf.
Danfscheid, bei Aachen, zweifelhaft, ob hierhergehörig, denn die Karte hat Duffesheid.
*Deofanscheid, bei Prüm; a. 817 Förstem No. II, S. 469.
Derscheid zw. Wahn und Bröl.
Dickenscheid, zwischen Simmer- und Hahnenbach; c. a. 1100 Dickesceit Beyer I, 455; a. 1200 Dickesceit Görz II, N. 868.
Dickerscheid, am Olefbach.
Dickschied, a. Wisper.
Dierscheid, a. Lieser nw. Hetzerath.
Dinschede, östl. Arnsberg a. Ruhr; a. 1231 Dinterschede, Seibertz II, S. 245; c. 1300 in Dindensceyde, Seib. III, S. 111; a. 1338 Dinckenscede, Seib. III, S. 284; a. 1348 Dynttenschede, Seib. III, S. 529.
Ditscheid, a. Mehrbach bei Asbach
Ditscheid, zw. Elz und Nitze (Eifel).
Dörnscheid, an der Quelle der Bigge.
Düttscheid, hinterm Siebengebirge.
Dörscheid, gegenüber Oberwesel; a. 1289 Derscheid, Kehrein, S. 181.
Dorscheid, w. der Oure in Lxburg.
Drescheid, Grofs- und Klein-, südw. Altena.
Dröschede, westl. Iserlohn.
*Dubenscheid, bei Oberaula in Kurhessen; im 14. Jhd. Dubinscheid Arnold, S. 344; 1419 Dubenscheid, Arnold, S. 344.
Dünschede, a. d. Bigge.

Dürrscheid, a d. Dhün.
Dürscheid, a. d. Dhün; a. 1215 Marsilius de Dorscheide. Lc. II, 72; a. 1227 Marsilius de Durschede Lc. II, 150; a. 1257 Johanna de Durschede Lc. II, 445; a. 1281 Lambertus dictus de Dorseit Lic II, 753; a. 1352 Gylis de Duyrscheit Lc. III, 507.
Ebscheid, östl. von Kastellaun; vielleicht a. 1136 Epischeit, Beyer I, 543.
Echtenscheid, Kotten b. Lüdenscheid.
Edscheid, Bergwald zw. Elz u Nitze; a. 1468 Escheit, Günther IV, S. 600.
Eggerscheid, bei Ratingen a. Ruhr; a. 1130 Dietr. v. Echerscheid Lc. III, 249; a. 1411 Peter v. Eggerscheide Lc. IV. 63.
Eggescheid, zw. Lenne u. Volne sw. Altena.
Ehlscheid, östl. der Wied; a. 1428 Elscheit, Günther IV, S 302.
Ehrenscheider Mühle, b. Winterberg Kr. Brilon.
Eichelscheid, in der Pfalz.
Eicherscheid, nw. von den Quellen der Rur (Montjoie).
Eicherscheid, sw. von Münstereifel a. Erft; a. 893 Eckinneskeit, Eichineskeit, Echinesceit, Beyer I, 176; 543.
Eickelscheid, Grofs- und Klein-, bei Ratingen a. Rur; 9. Jhd. Ekonsced, Lc. II, 234.
Eickenscheid, Karte Eickerscheid bei Essen: 9. Jhd, Ekansceth Lc. I, 13; a. 1241 Wilhelm de Eickensceiden Lc. II, 254; a. 1243 Wilhelmus de hekescede Seib. II, 289; a. 1249 de Eykenscheid Lc. II, 352; a. 1272 de Ekenscheyde Seib. S. 437; a. 1295 de Ekenscede Seib. II, S. 566; a. 1299 de Eckenscede Lc II, 1040; a. 1305 de eckenscheyde Seib. III, S. 24; a. 1308 de Eckenschede Lc. III, 63; a. 1329 de eckenscede Seib. III, S. 328.
Eigelscheid, zw. Oure und Prüm.
Eilscheid, zw. Prüm und Nims.
Eimerscheid, a. d. obern Oure nw. der Schneifel.

*Einscheid, bei Kyllburg a. Kill. a. 1279 Görz III, No. 2527.
Einschied, Hof im Hochwald bei Hermeskeil; a. 1073 Einsceit Först. N. II, 515.
Eischeid, Hof a. d Lieser unweit des Weinfelder Maars.
Eischeid, Grofs- u. Klein-, zw. Bröl u. Wahn.
Elberscheid, Bergwald a. d. Biggequellen.
Ellscheid, bei Mettmaun a. d. Elb.
Elscheid, Bergwald a. d. Lieser.
Engscheiderhof, östl. der Prims (Nbfl. der Saar).
Enschede, Stadt in Overyssel (Holl.).
Enschede, am —, a. d oberst. Ruhr.
Epscheid, auch Ebscheid b. Breckerfeld.
Erbscheid, auch Erbelscheid, Bergwald a. d Bigge.
*Erbscheid, im Hunsrück a 1295 Görz IV, 2438.
Eschette, auf der Karte Eschet, zw. Sauer und Attert in Luxenburg.
Espenschied, a. Wisper 1505 Espenscheit, Kehrein S. 194.
Ettelscheid, zw. Olef u. oberer Rur.
Ettscheid, Ober- u. Nieder-, an der Nordwestecke der Wied.
Ettscheid, östl. der Lieser
Ettscheid, zw. Oure und Prüm.
Eulscheid, zw. Oure und Prüm.
Entscheid, zw. Sieg und Wied.
Fahlenscheid, an der Griesemert (Gebirgszug a. d. Lenne), alte Scheide zwischen Westfalen und Franken s. Seibertz I, 2 S. 2.
Fabrenscheid, zu-, Höfe bei Velbert.
Fallscheide, in Hannover.
Fallscheid, östl. der Prims im Saargebiet; a. 1165 Velscheit, Beyer I, 708; a. 1185 Velscheida Görz II, No. 533.
Feldscheid, in Niederbayern.
Feldscheide, 6 mal in Holstein.
*Fergeresced, im 9. Jhd. bei Köln? Först. No. II, 547.
Feuerscheid, zwischen Prüm und Nims.

Fingscheid, zu-, Höfe zwischen Elberfeld und Neviges.
Fingscheid, jetzt in die Stadt Barmen aufgegangen.
Fischeiderhof, zwischen Sauer und Attert in Luxenburg.
Flammerscheid, südl. der Wupper bei Solingen.
Forkscheid, zwischen Agger und Bröl.
Folschette, zwischen Sauer u. Attert in Lxburg.
Framscheider Wald, bei Oberwesel; a. 1508 Franschied Günther V, S. 154; a. 1538 Frouschied, Günther V, S. 250.
*Frankensceyt, bei Boppard? a. 1140 Görz I, 1966.
*Frankscheid, Bergwald in der Eifel; a. 1367 Günther III, S. 731.
Froitscheid, an der obersten Rur.
Gallscheid, Walddistr. bei Boppard; a. 1249 Galginscheid; Beyer III, S. 754.
Gelscheid der-, Bergwald bei Gummersbach.
Germscheid, auf der Wasserscheide zwischen Wied u. Sieg bei Buchholz; a. 1300 Germerscheit Görz IV, 3068.
Gersche e, der nordwestlichste Ort auf -scheid rechts der Ruhr bei Borbeck.
Geschaidt, in Mittelfranken.
Gescheid, 2 mal in Baden.
Giebelscheid, a. d. Ruhr, Kreis Meschede.
Gierscheid, zw. Sieg u. Wied.
Gierscheid, zw. Sieg und Rhein und zwar Knipp-, und Ferne-; a. 1145 Richwin de Gersceit Lc. I, 354; a. 1210 Theodorich von Gersceit, Görz II, 1115/16 und von Geyrscheit, Görz II, 1115/16.
Gierscheid, eine Försterei nw. v. Aremberg a. d. Ahr.
Giescheid, im Quellgebiet des Olefbachs (Kr. Schleiden).
*Gisilbretscheid, im Westerwald, bei Engers? a. 1179 Wald dem Kloster Rommersdorf gehörig, Görz II, S. 117.
Glockscheid, östl. der Wied.

Göttschied, am Südabhang des Idarwalds, nordöstl. v. Oberstein.
Goldscheid, östl. der Wied.
Gommerscheid, östl. der Wied; a. 1219 Gummerscheid, Beyer III, 107.
Greimelscheid, zw. Prüm und Nims.
Griebelscheid, westl. v. Hahnenbach im Soonwalde.
Grönscheid, südl. der Wupper; a. 1216 Wolfart de Grunscheit Lc. II, 52 Anm.; a. 1260 Wolfart de Gruneskeht Lc. II, 401; a. 1303 Gerkinus de Groynscheyt Lic. III, 29; a. 1352 Wolf von Graynscheit Lc. III, 507.
Grofsenscheid, am-, bei Hückeswagen.
Grofsscheid, bei Geldern.
Grofsscheid, zw. Sieg und Rhein.
Grünscheid, zw. Agger u. Sülzbach.
Grünscheid, Hof bei Werden links der Ruhr.
Grünscheid, der grofse, Bergwald südlich der Wupper; nicht weit davon das Dorf Grönscheid; a. 1303 in nemore dicto Groynscheit Lc. III, 29.
*Grunescheid, Kapelle bei Burtscheid (Aachen); a. 1294 Lc. IV, 677.
Grumelscheid, westlich der Clerf in Luxenbg.
Gschaid, 8 mal in Niederbayern, 2 mal in Steiermark, 4 mal in Oberösterreich, 2 mal in Niederösterreich.
Gschaidbühel, in Niederbayern.
Gschaidhof, in Oberösterreich.
Gschaidmayer, in Oberösterreich.
Gschaidt, 2 mal in Niederbayern.
Gsched, in Niederbayern.
Gscheid, in Niederbayern.
Gscheidhof, 2 mal in Baden.
Gscheidviertel, in Steiermark.
Günderscheid, an der Nordwestecke der Wied.
*Gudilscheit, bei Kempenich (Laacher See)? a. 1341 Günther III, S. 435.
Gutschiedl, in Steiermark.
Habenscheid, Gut und Kirche südl. der Lahn; viell. a. 790 Abothisscheid; Beyer I, 39.
Haberscheid, am Holzbach.

Haberscheid, der, südl. v. Sachsenhausen in Waldeck.
*Habescheyt, Saar- und Bliesgegend; a. 1252; Beyer III, 873.
Habichscheid, in Kurhessen; im 14. Jhd.: Habischeit, Habescheit, Arnold, S. 385; a. 1484 Habichestete, Arnold, S. 345.
Habichtscheid, Bergwald an der Elpkequelle sö. v. Meschede.
Habscheid, zw. Oure und Prüm; viell. a. 856 Abuchescheid, Beyer I, 97; a. 1246 Hopscheid Lc. II, 300.
Hackelscheid, zw. Ruhr und Ennepe.
Hänscheid, zw. Bröl und Sieg.
Häscheid, a. d. Dhün.
Hagscheidt, bei Mettmann.
Hahnscheid, Dorn-, an der Dhün; a. 1273 Hof zume Haine Lc. II, 640.
Hallenscheid, w. v. Altena a. d. Lenne.
Halscheid, östlichster Ort anf-scheid zwischen Bröl und Sieg.
Halschied, Wald und Försterei, ö. Kirchberg im Hunsrück.
Halverscheid, zw. Volme u. Eunepe.
Hammerscheidter Mühle, bei Affeln Kr. Arnsberg.
Harnscheid, Unter-, Ober-, bei Werden a. Ruhr; a. 838 Hernatsced Förstem. N. II, 740; im 10. Jhd. Hertnedscethe Förstem. N. II, 740.
Harperscheid, bei Schleiden zw. Olef u. Ruhr.
Harrenscheid, auch Harnscheid; zw. Lenne u. Volme.
Haarscheid, a. d. obersten Rur.
Haarscheid, zw. Ahr und Erft.
Harscheid, b Ruppichterod zw. den beiden Brölbächen.
Hascheid, bei Haan, nördl. d. Wupper.
*Haspelscheid, bei Saargemünd in Lothringen.
Hattenscheid, Wald bei Sinzig a. 1227 Lc. II, 148; a. 1267 Albert Hattscheid aus Sinzig Görz III, 2234.
Hatterscheid, zw. Bröl u. Sieg.
Hauscheid, Hof rechts der Ruhr bei Mülheim.

Havenscheid, zw. Lenne u. Volme; a. 1300 in Habekensceyde Seibertz III, S. 109.
*Havescheit, bei Nieder-Stadtfeld, Kr. Daun; a. 1225, Beyer III, 206.
Havkenscheid, Karte Hafkenscheid, nördl. der Ruhr bei Bochum; a. 1487 Dietrich v Havekenscheide Lc. IV, 224.
Hayscheid, bei Mettmann.
Hebscheid, südl. v. Aachen, w. Cornelimünster.
*Heckelscheid, b. Mersch in Lxburg; a. 896 Förstem. N. II, 783.
Hechelscheid, a. d. obersten Rur.
*Hedelscheid, bei Gillenfeld a. Lieser? a. 1136, Beyer I, 543.
Hegenscheidt, in Schlesien, Rgbzk. Oppeln.
Hegenscheid, zw. Lenne u. Ruhr s. Iserlohn.
Hegenscheid, südlich der Dhün.
Heiderscheid, zw. Sauer u. Attert in Luxemburg.
Heidscheiderbach, zw. Wied und Rhein bei Linz.
Heinerscheid, w. d. Oure in Lxburg.
Heischeid, a. d. Wiehl bei Waldbröl.
*Heisterscheid, in Kurhessen bei Battenhausen a. 1245; Arnold S. 344.
Helmscheid n. Corbach in Waldeck; im 9. Jhd. Helmonscede; Förstem. N. II, 790.
Heppscheid, nw. d. Schneifel gegen Malmedy.
Herbscheid, zw. Lenne u. Volme.
Herschede, Kolonie im Walde s. Meschede.
Herscheid, s. d. Ebbegebirges; a. 1072 Hertsceido u. Hirutbscetha Seibertz II, 33 u. Erhard I; a. 1101—31 Hertschet Seibertz II, 66; a. 1280 Hirzschit Seib. II, 475; a. 1445 Herschede Lc. IV, 271; also sicher als Hirschscheid zu erklären.
Herscheid, s d. Wupper; vielleicht a. 904 Herisceithe Lc. I, 83.
Herscheid, Drees-, Wüsten- u. Otto- a. d. Dhün.
Herscheid, sö. d. Schneifel.

Herscheid, zw. Kill u. Lieser s. v. Mürlenbach.
*Heselscheyt, am Hochwald; a. 1274 Görz IV, Nr. 29.
Hetterscheid, bei Velbert; a. 847 in heatratescethe Lc. I, 63; a. 1098 Etterscheide Lc. I, 611; a. 1361 Heinrich Hetterscheid, Lc. III, 620.
Hierscheid, östl. der Prims.
Hilkerscheid, zw. Wied u. Rhein.
Hillerscheid, zwischen Agger und Bröl bei Drabenderhöh.
Hillscheid, bei Montabaur; c. a. 1000 Hirnsceit, verschrieben statt Hirnsceit, Günther I, 30 (nach Wirtz, Engersgau, S. 36); a. 1363 Hyrscheid, Günther III, S. 709; a. 1392 Hirscheid, Günther III, S. 885, gehört also zu hirnz = hirsch.
Hilscheid, am Nordabhang des Hochwaldes; a. 1200 Richeza de Helscheide Lc. II, 443.
Hilscheid, ein Bergwald ö. der Lieser.
Hilterscheid, auf der Höhe zwischen Erft u. Ahr: a. 1136 Heltresceid, Beyer I, 543.
Hirschaid, 2 mal in Oberfranken.
Hirtscheid, an der obern Nister (Westerwald).
Hochscheid, bei Gerresheim ö. v. Düsseldorf.
Hochscheid, im Unterelsass.
Hochscheid, ö. d. Wied.
Hochscheid, am Nordabhang des Idarwaldes.
Hochscheid, zw. Salm nud Lieser.
Höhnscheid, ö. Freienhagen in Waldeck.
Höscheid, n. der Wupper; a. 1189 Hartlif de Hesceidhe Lic. I, 520; a. 1340 den hof tbo Hoenscheyde Lc. III, 354; a. 1352 Joh. von Hescheyde Lc. III, 507.
Höllscheiderberg, ö. Saarbrücken nach der Bliss zu.
Hölverscheid, Bergwald u. Ort s. der Wupper.
Hörscheid, zw. Sieg und Rhein.
Hönscheid, bei Naumburg in Kur-

hessen; a. 1235 Honscethe. Arnold, S. 344.
Hörscheid, an der Alfquelle.
Hohenscheid, in Schwaben.
Hohenscheid, n. der Wupper; a. 1318 Hermannus de Hohenscheit Lc. II, 233.
Hohenscheid, Grofsen- u. Wenigen-, Hof bei Hersfeld; im 14/15 Jhd. Hohenscheit, Hoenscheit; jetzt Hahnstädt Arnold S. 344.
Holenscheid, am-, bei Elberfeld.
Hohlscheiderbach, zw. Kill und Lieser s. Daun.
*Holesceit, a. 1094 am Wienerwald, Förstem. No. II, 825.
Homscheid, zw. Wied n. Rhein.
*Honsceid, a. 1157 Beyer I, 662, ein Wald bei Wittlich, dem Kloster Himmerod gehörig; a. 1237 Hoescheit; 1239 Hoenscheit.
Honscheid, zw. Bröl u. Sieg bei Ruppichterod.
*Honscheid, Kr. Bittburg; a. 1214 Beyer III, 27.
Hoppelscheid, Bergwald zw. Lenne u. Volme.
Hopperscheid, a. Dhün.
Hopscheid, auch Hobscheid, a. Eisch in Lxburg; a. 1235 Beceliuns de Hopsceit (lies Hopsceit) Beyer III, 420.
Hornscheid, bei Velbert.
Hornscheid, nö. von Meschede.
Horscheid, zw. Bröl u. Sieg.
Hoscheid, w. der Oure in Lxburg.; a. 1005 Honsceit, Beyer I, 336; a. 1200 Hoinsceith, Görz II, 870.
Holscheid, Klein- u. Knapp-, westl. der Clerf in Luxenburg.
Hoscheiderhof, zwischen Oure u. Sauer in Lxburg.
Hoschette, zw. Sauer n. Attert in Lxburg.
Hovescheid, zw. Essen und Steele.
*Hovelscheid, in der Eifel (Kill?); a. 1264 Görz III, No. 2008.
*Hrabagisceit, wo? a. 860 Förstem. No. II, 832.
Hülscheid, nw. der Schneifel a. der obersten Rur.

Hülscheid, daneben Althülscheid, zw. Lenne w. Volme; a. 1459 Johann von Hulscheit, Freigraf zu Dortmund Lc. IV, 320.
Hülscheid, zw. Bröl und Wahn.
Hülscheid, zw. Sieg n. Wied bei Eitorf.
Hühscheid, s. der Wupper.
Hünscheid, zw. Sieg u. Rhein.
Hüscheid, s. der Wupper.
Hüscheid, Karte Hünscheid, am Siebengebirge.
Häscheiderbach, w. der Oure.
Hütterscheid, zw. Oure n. Prüm.
Hulverscheid, w. v. Rade vorm Wald.
Hundscheid, Karte Hunscheid, Ober- u. Nieder-, n. Lüdenscheid; a. 1303 Jutta de hunscede Seibertz IV, 1092; a. 1313 Godescaleus de Hundiscede Seib. III, S. 125.
Hundscheidt, unweit der Wiebiquelle bei Waldbröl.
Hundscheidsfeld. u. der Ruhr bei Bochum.
*Hunischeit, Hof bei Schwarzenberg n. Saarlouis a. 1262 Görz III, Nr. 1845.
Huscheid, Ring- u Heck- zw. Oure und Prüm.
Huscheid, ebenda, 1136 Hunsceit Görz I, Nr 1907.
Huscheid, Nims-, zw Kill u. Nims.
Jmmelscheid, n. vom Ebbegebirge.
*Ingheacheet, Johannes-, a. 1469, Lc IV, 350 wo?
Ippenschied, am Südabhang des Soonwaldes; a. 1341 Yppinscheid, Günther III, S. 438
Irscheid, zw. Sieg n. Wied.
Jennerscheid, Bergwald ö. der Lieser.
Jetscheid, a. Lieser, Berg bei Tetscheid.
Kamerscheid, zw. Bröl u Sieg.
Kätschette, zw. Sauer n. Attert in Luxenburg.
Kalscheid, s Asbach (Wied).
Kaltenscheid, Kr. Brilon.
Keescheid, a. Mehrbach bei Asbach.
Kernscheid, sö. Trier.
Kerperscheid, am Olefbach.
Kesselscheid, zw. Bröl u. Sieg.

Kindscheid, Bergwald zw. Lieser u. Kill ö. Gerolstein.
Kippscheid, zw. Kill u. Lieser n. Manderscheid.
Kirchscheid. zw. Agger u. Sülze b. Altenhourath; a. 1070 einfach Scheida Lc. I, 221; a. 1166 Kercich Lc. I, 421; a. 1181 ebenso, hat demnach mit „Kirche" nichts zu thun.
Kirmutscheid, am untern Trierbach (Eifel).
Kleinscheid, zw. Sieg n. Rhein.
Knorscheid, ö. d. Prims (Saar); a. 1180 Knorskeid Beyer I, 610.
Kobscheid, zw. Oure u. Prüm.
Kocherscheid, zw. Sieg und Wied; 9. Jhd. Cocoresced Förstem. N. II, S. 413; 11. Jhd. Kokersceth Förstem. N. II, S. 413.
Kockerscheid, bei Wülfrat.
Kohlscheid n. Aachen.
Kolscheid, bei Geldern.
Kommerscheid, a. obern Rur.
Koppscheid, a. d. Schneifel u. oberst. Rur
Kopscheid, zw. Oure und Prüm.
Krautscheid, zw. Sieg u. Wied.
Krautscheid, zw. Oure u. Prüm; a. 1231 Kruisscheit, Beyer III, 352.
Kretscheid, Bergwald zw. Lieser u. Kill.
Krüdenscheid, am dicken-, mittelste- und vorderste-, Höfe bei Velbert.
*Cramenscheit, a. Lenne a. 1413 Lc. IV, 76.
Krumscheid, a. Mehrbach b. Asbach.
Krumscheid, zw. Wied u. Rhein
Krutscheid, bei Haan; a. 1301 Crnytscheith; Lc III, 10.
Küchelscheid, s. Montjoie bei Kalterherberge nahe der Rurquelle.
Kuhscheid, bei Aachen nahe den Quellen der Worm.
Kurtscheid, östl. der Wied; a. 1235 Cutsheid Beyer III, 408; a. 1204 Curtscheit, Görz, IV, 2318.
Kutscheit, am Saynbach; so schon 1325 Kehrein S. 226.
Ladscheid, Hof bei Langenberg n. Elberfeld.

Ladscheid, in Tirol.
*Lamberscheyt, bei Lammersdorf am hohen Venn; a. 1361 Lc. III, 621.
Lamscheid, nw. Oberwesel gegen d. Mosel.
Labrscheid, zw. Sieg u. Wied b. Eitorf.
Landscheid, Ober- und Nieder-, an der Dhün.
Landscheid, am Salmbach; a. 1157 Langescheit Beyer I, 662; a. 1181 Lancginscheit Beyer II, 87; a. 1287 Langesceit Görz IV, No. 1497.
Landscheid, zw. Sauer u. Oure in Luxenburg.
Landscheide, 4 mal in Holstein.
Landscheidung, in Holstein.
Langenscheid, Ober- u. Nieder-, zwischen Volme u. Ennepe b. Halver; a. 1348 in Langensckeide Seibertz III, S. 522; a. 1348 in Langenschede Seib. III, S. 538; a. 1348 de Langenscede Seib. III, S. 539; a. 1348 in Langenscede Seib. III, S. 540; a. 1368. in Langescheid Seib. III, S. 514.
Langenscheid, a. Lahn; so schon 1498 Günther IV. 731.
Langschede, a. Ruhr ö. Schwerte.
Langscheid, in Niederösterreich.
Langscheid, zw. Hönne u. Sorpe sw. Arnsberg.
Langscheid, bei Breckerfeld.
Langscheid, zw. Wied und Rhein.
Langscheid, an der Erftquelle.
Langscheid, unweit der Nettequellen.
Langscheid, bei Oberwesel nach Bacharach zu; a. 1253 Langesceiderbach Görz III, Nr. 1053.
Langschied, auf der Kemelerheide in Nassau.
Langscheidsberg, Berg der Montabaurerhöhe.
Langschied, Berg im Rheingaugebirge.
Lascheid, zw. Sieg u. Rhein.
Lascheid, w. der Oure.
Lascheid, Ober- und Nieder-, nw. der Schneifel an der obern Oure.
Lascheid, zw. Prüm und Nims.
Lascheideranelsmühle, an der Oure.

4*

Lascheiderhof, w. Hermeskeil.
Lauenscheid, zw. Lenne und Volme.
Lauscheid, zw. Nahe u. Glan.
Lauscheid, n. Montjoie; a. 1361 Louerscheyt, Lc. III, 621.
Lebmscheid, auch Lebenscheid, in Oberösterreich.
Leinschede, zw. Lenne u. Volme.
Leinscheid, a. Lenne bei Glinge.
Lenderscheid, bei Ziegenhain in Kurhessen; a. 1196 Lenterscheit Arnold S. 344.
Lengelscheid, n. v. Ebbegebirge.
Lenscheid, Hohen-, Scheide zwischen Lenne und Ruhr bei Glinge; a. 1313 in Lenscide Seibertz III, S. 128; a. 1338 in Lensched Seibertz III, S. 278; a. 1348 in Lenschede Seibertz III, S. 525.
Lennscheid, zw. Lenne u. Volme.
Leschede, a. Lingen a. Ems.
Lescheid, zw. Sieg u. Rhein.
Lenscheid, das, langer Rücken zw. Sieg u. Wied.
Lenscheid, Dorf an dem vorigen Bergrücken.
Lichtenscheid, Gipfel des kahlen Astenberges; s. Seibertz I, 2. S. 82.
Lichtenscheid, dicht bei Barmen.
*Lichtenscheid, bei Kirdorf in Kurhessen; a. 1263 Libthinscheit, Arn. S. 344.
*Lichtenscheid, in Kurhessen; a. 1265 Leytensceith Arn. S. 344; a. 1334 Lichtenscheidt Arn. S. 344.
Liebenscheid, im Quellgebiet der Dill, älter Leybulscheid, Kehrein S. 229.
Lierscheid, n. St. Goarshausen; a. 845 Leyrscheit Kehrein S. 229; a. 879 Liorscheit Kehrein S. 229.
Lieverscheid, Hof bei Kettwig r. d. Ruhr.
Lindenschied, zw. Simmer- u. Hahnenbach (Hunsrück); a. 1086 Lindenesscheida Förstem. No. II, 996, aber schon 1362 Lindenscheid.
Lindscheid, a. d. Dhün.
Lindscheid, zw. den beiden Brölbachen bei Ruppichterod.

Lindscheid, Karte Linscheid, zw. Sieg und Wied (bei Eitorf).
Lindscheid, ö. der Prims (Saar).
Lindschied, auch Linschied a. d. Wisper.
Lingscheiderhof, a. d. obersten Erft bei Münstereifel.
Linschede, im-, n. der Ruhr bei Dortmund.
Linschede, a. der Lenne bei Affeln; a. 1313 in Linteschede apud Lenam Seibertz III, S. 129.
Linscheid, bei Zell a. Mosel.
Linscheid, zwischen Lenne u. Volme.
Linscheid, auf dem-, ebenda.
Linscheid, auch Lindscheid, ebenda.
Linscheid, bei Gummersbach; a. 1131 Linvenskeit? Günther I, S. 211.
Linnscheidt, n. d. Ruhr bei Unna.
Lipperscheidt, zw. Sauer u. Oure in Lxbg.
Lischeid, bei Treysa in Kurhessen; a. 1500 Lichenscheid; Arnold S. 344.
Listerscheid, auch Liesterscheid, am Liesterbach bei Olpe.
Litterscheid, zw. Bröl. u. Sieg.
Lobscheid, Bergwald und Dorf bei Gummersbach.
Löffelscheid, n. v. Soonwald; a. 1241 Leffelszeyt, Beyer III, S. 543; a. 1250 Lefelsceit Beyer III, S. 805.
Lönnelscheid, zw. Volme u. Ennepe bei Halver.
Lollschied, s. der Lahn in Nassau; a. 1346 Lollenscheidt, Kehrein S. 230.
Lorscheid, zw. Wied u. Rhein; nicht weit davon Hinterlorscheid; a. 1217 Lochscheid Görz II, No. 1332; a. 1258 Lofscheid Beyer III, 1065; a. 1292 Petrolofscheid Görz IV, 1973; dez. 1292 Loscheit Görz IV, 2107; a. 1296 Hinterlorscheidt Görz 2477; a. 1327 Loyscheid Lc. III, 228.
Lorscheid, am Nordabhang des Hochwalds anf. des 13. Jhd.: Luncsheit Beyer II, 442.
Loscheid-Wald, an der obersten Rur.
Lüdenscheid, zwischen Lenne und Volme; a. 1067 Luidolvessceith Lic. I,

209; a. 1072 Luiodolfesceide Seibertz
II, S. 33; a. 1101-31 Lindolfischet
Seib. II, S. 66; a. 1278 Ludenscheit
Seib. IV, 461; a. 1280 Ludolfscheit
Seib. II, S. 475; a. 1413 Ludenscheide
Lc. IV, 76; a. 1445 Luydenschede
Lc. IV, 271.
Lüdenscheid, Alt-, sw. vom vorigen.
Lommerschied, n. vom Köllerthalerwald.
*Lunscheit, südl. der Mosel? a. 1276 Görz IV, No. 330.
*Lysscheit, Joh. von –; a. 1368 Lc. III, 680.
Macherscheid, südl. v. Düsseldorf, links a/Rhein.
Mackscheid, bei Ratingen l. der Ruhr.
Maischeid, Grofs- und Klein-, am Saynbach; a. 1148 Metschet Görz I, No. 2064; a. 1204 Motscheid Beyer II, 257; a. 1264 Meytscheyt Görz IV, S. 733.
Mahlscheid, Berg bei Herdorf a. Sieg, sw. Siegen.
Malscheid, w. der Oure.
Manderscheid a. Lieser; a. 973 Mandrescheit, Mandirscheit, Mundersceit, Beyer I, 159, 294, 601, 621 n. öfter; a. 1147 Maudelskeid ebenda; a. 1250 Mandilscheit ebenda; also wohl zu mantala = Kiefer (pinus).
Manderscheid, zw. Oure und Prüm.
Manderscheid, Nacht-, zw. Oure u. Sauer.
Manderscheid, Schlinder-, ebenda.
Manderscheid, 2 mal in Böhmen.
Manscheid, am Priefbach (Nebenb. des Olefbachs).
Marscheid, bei Barmen.
Medenscheid, s. Bacharach.
Mehrscheid, zw. Sieg u. Wied bei Eitorf.
Melschede, zw. Hönne u. Sorpe sw. Arnsberg; a. 1312 in Melschede Seibertz III, S. 111.
Mengerschied, am Simmerbach (Hunsrück); a. 1074/84 Mengezerodt (Görz I, No. 1486; a. 1194 Mengesrod, Mengeresrod Beyer II, 178/79.

Merlscheid, am Merlbach, zw. Prüm u. Nims.
Merlscheid, nw. der Schneifel a. d. obern Oure.
Merscheid, bei Solingen.
Merscheid, n. vom Idarwald; a. 1220 Merscheit, Beyer II, 422, ebenso 1250.
Merscheid, zw. Oure und Sauer in Luxemburg.
Merscheid, zw. Oure und Attert in Luxemburg.
Mertscheid, an der Schneifel und obersten Oure; a. 1294 schon ebenso Görz IV, 2318.
Meschede, a. Ruhr; a. 913 in monasterio Mescedi Seibertz II, S. 8; a. 937 in monasterio Meskide Seib. II, S. 7; a. 959 in loco Messcede Seib. II, S. 12; a. 973 in monasterio Mescide Seib. II, S. 15; 985 pro sororibus Messchetensibus Seib. II, S. 17; in derselben Urkunde: in monast. Messchete; a. 1042 in meskidi Seib. II, S. 30; 1078/89 in Meskethe Seib. II, S. 39; a. 1248 Gohelin de Meschede Lc. II, 324; a. 1260 Godefrid de Meschedhe Lc. II, 489.
Meschede, Haus, a. d. Almequelle (Ruhr).
Mesterscheid, zw. Lonne u. Ruhr n. Hemer.
Micrscheid, zw. Sieg u. Rhein.
Miescheid, im Quellgebiet des Olefbachs.
Millerscheid, Karte Möllerscheid, zw. den beiden Brölbächen bei Ruppichterod.
Möderscheid, a. Schneifel nw. gegen Malmedy.
Möllscheid, Hof bei Ratingen links der Ruhr.
Mörschied, Dorf a. Bergwald s. v. Idarwald.
*Moeschydt, b. Treisa in Kurhessen c. 1500 Arnold S. 344.
Mühlscheidt, zw. Naaf n. Wahnbach, (Bröl).
Moischeid, b. Treysa in Kurhessen: a. 1253 Moinscheid Arnold S. 344;

a. 1269 Monschied, Monscheid Arnold S. 344; a. 1270 Moynscheyt Arnold S. 344.
Monscheid, jetzt Mönstädt, im Amte Usingen (Nassau), Kehrein S. 238.
*Monscheid, bei Wolfhagen in Kurhessen; a. 1374 Monscheyt Arnold S. 344; a. 1460 Moynschede Arnold, S. 344.
Morscheid, n. v. Hochwald a. Ruwer; a. 1045 Murcid, Murscheid Beyer I, 379, 453; c. a. 1250 Mortsceit Beyer II, 404; a. 1281 Morscheit Görz IV, Nr. 862.
Morscheid, n. v. Idarwald; a. 1220 Morscheit, Beyer II, 422.
*Mortscheid, Wald bei Mamer in Luxenburg; a. 1221 Beyer II, 434.
Mottscheid, zw. Oure u. Prüm.
Müdscheid, auf der Höhe zw. Ahr und Erft; a. 893 Muckesceyt, Murkensceit, Beyer I, 160, 175.
Mühlscheid, Hof zw. Hermeskeil (Hochwald); a. 1393 Mulcheid Görz IV, 2114.
Müschede, zw. Ruhr u. Röhr westl. Arnsberg; a. 1231 Musche Seib. II, 246; a. 1242 ebenso Seib. II, 282; a. 1204 Muschede Seib. II, 414; im 14. Jhd. Mussche Seib. II, 629. gehört also nicht hierher.
Müschede, Berg südlich v. Warstein am Westerbach (Ruhr); viell. so wie das vorige Wort zu beurteilen
Mummscheid, n. der Wupper bei Solingen.
Munscheid, n. der Ruhr b. Bochum.
Muscheid, zw. Wied u. Rhein; 1539 Mutscheid.
Muscheid, am Holzbach (Wied).
Mutterschied, am Simmerbach.
*Nanscheid, an der Wied? a. 1273 God. de Nanscheid Görz III, 2638.
Neerscheid, westl. Cornelimünster (Aachen).
Nettenscheid, zw. Lenne u. Nette bei Altena; so schon 1413 Lc. IV, 76.
*Neuscheid, in Nassau im Amte Runkel; a. 1276 Nuenscheit, Kehrein S. 244.

Nitterscheid, auch Niederscheid zw. Ahr und Erft.
Nordenscheid, Ackergnt b. Velbert.
Noscheid, s. vom Ebbegebirge.
Notscheid, zw. Wied u. Rhein; (das o ist kurz!).
Obergschaid, in Oberbayern.
Obergschaid, in Oberösterreich.
Ochsenscheid, Bergwald sö. Meschede an der Elpkequelle.
Oderscheid, Grofs- u. Klein-, zw. Agger und Bröl.
Oevenscheid, zw. Lenne u. Volme.
Oeverscheid, n. d. Ruhr b. Dortmund.
Olmscheid, zw. Oure u. Prüm.
Orscheid, zw. Lenne und Volme w. Altena.
Orscheid, am Siebengebirge; a. 1292 Denekin de Orscoet, Lc. II, 923; a. 1293 Daneko de Orscheyt Lc. II, 941; a. 1303 Denekin de Orschet Lc. III, 27.
Ostscheid, bei Herford in Westfalen.
Outscheid, zw. Oure u. Prüm.
Paffenscheid, zw. Agger und Bröl, bei Drabenderhöh.
Pahlscheid, Bergwald ö. der Lieser.
Parscheid, s. Asbach (Wied).
Pattscheid, s. d. Wupper b. Opladen.
Pattscheid, in Tirol.
Peetscheid, Berg an der Nahe östl. Birkenfeld.
Perscheid, s. Oberwesel; a. 1268 Perrescheit Görz III, No. 2373.
Pflugscheid, n. vom Köllertbalerwald.
Pierscheid, Ober- und Nieder-, zw. Oure und Prüm.
Pitscheid, in Tirol.
Pittscheid, zw. Ahr und Erft.
Plascheid, zw. Oure und Prüm.
Pletschette, zw. Alzette u. Sauer (Luxenburg).
Plütscheid, zw. Prüm u. Nims.
Potscheid, zw. Sauer u. Oure.
Pottscheiderhütten, in Böhmen.
Preischeid, zw. Oure u. Prüm.
*Protscheid, bei Densborn a. Kill; a. 1289 Görz IV, Nr. 1710.
Prümscheid, hoher Bergwald zw. Lieser u. Alf.

*Prinscheid, Dorf bei Blankenheim (Eifel); a. 1290 Görz IV. 1820.
*Purganscetin, 8. Jhd. wo?
Püscheid, am Mehrbach (Asbach).
Pungelscheid, zw. Lenne u. Volme s. Werdohl; a. 1388 in Pluntgescheide Seibertz II, S. 602.
Putscheid, zw. Oure u. Sauer (Lxbg).
Quierschied, Dorf und Berg, nördl. vom Köllerthalerwald.
Quintscheid, zw. Oure und Prüm am Quintbach.
Rabenscheid, im Quellgeb. der Dill, (Westerwald): 1710 Rabeschit Kehrein S. 259; im Volksmunde jetzt Rowuscht.
Raderscheid, zw. Lenne und Volme w. Altena.
Radscheidt, a. der obern Oure uw. der Schneifel.
Ramscheid, zw. Ruhr u. Lenne sw. Meschede.
Ramscheid, im Quellgebiet des Olefbachs.
Ramscheid, in Oberfranken.
Ramscheyt, a. 1449 Kehrein S. 260, bei Idstein im südl. Nassau; jetzt Rahmstatt.
Ramschied, au der Wisper (Nassau) 9. Jhd. Ramenescheida Kehrein S. 260.
Rascheid, am Nordabhang des Hochwalds.
Rayerschied, a. den Quellen des Simmerbachs n. vom Soonwald.
Reckerscheid, auf der Höhe zwischen Erft u. Ahr.
Rederscheid, zw. Wied u. Rhein.
Reiferscheid, zw. Wied u. Ahlbach; a. 1276 Friedrich von Ripherscheid Görz IV, No. 364.
Reiferscheid, auch Riefferscheid zwischen Bröl und Wahnbach.
Reiferscheid, und nahe dabei Oberreiferscheid, am Priefbach (l'rft).
Reiferscheid, a. d. Ahr uw. Adenau; a. 975 Reiferscheit Beyer I, 301.
Reiserscheid, Bergwald am Olefbach.
Reitscheid, ö. der Nahequelle bei St. Wendel.
Remscheid, Stadt im bergischen Land.

Rescheid, im Quellgebiet des Olefbachs.
Retscheid, am Siebengebirge.
Richinsceita, in Niederösterreich Förstem. No. II, 1242; jetzt am Reich.
Riescheid, Hof bei Barmen.
Rindscheid, in Steiermark.
Rinkscheid, s. vom Ebbegebirge.
Ritscheid, w. v. Cornelimünster (Aachen).
Rinscethe, a. 799 Förstem. Nameub. II, 1256, jetzt Rüste (Rghzk. Düsseldorf).
Rodenscheid, in der Wetterau; a. 1210 Arnold S. 346; jetzt Rotherschütt.
Rölscheid, an der Dhün.
Röhlscheid, u. der Wupper.
Römerscheid, bei Velbert.
Römerscheid, Dorf und Bergwald bei Gummersbach.
Rönscheid, auch Röhuscheid, zw. Lenne u. Volme.
Röttenscheid, Karte Rüttenscheid, Ober- und Nieder-, bei Wipperfürth.
Rommerscheid, a. der Dhün.
Roscheid, Hof a. d. Bigge bei Olpe.
Roscheid, zw. Oure u. Prüm; a. 981 Roscheit, Beyer I, 312; a. 1287 Rottescheid Görz IV, No. 1446.
Roscheiderhof, zw. Trier u. Conz.; a. 690 Regnemoset? Görz I, No. 105; a. 1250 Roscheit Görz III, S. 176.
*Rotagasceid, a. 980, am Rotten im Quinzingowe in Niederbayern; Förstem. No. II, 1223.
Rottscheid, bei Haan u. der Wupper.
Rüfferscheid, Bergwald am Salmbach.
Rüscheid, zw. Sayn u. Wiedbach; a. 1280 Rusthinscheit, Görz IV, No. 717.
Rüttenscheid, r. der Ruhr, s. Essen.
Rumscheid, zw. Lenne u. Volme bei Dahl.
Rutscheid, am Siebengebirge.
Saalscheid, Hof a. d. Labn, s. Nassau; 1146 Salscheit, Beyer I, 600.
Sassenscheid, zw. Lenne u. Volme.
Sanscheid, Bergwald a. der Salm.
Sanscheid, s. vom Hochwald.

Saynscheid, im Quellgebiet des Elbbaches im Westerwald.
Schaid, in der-, 2 mal in Oberösterreich.
Schaidacker, in der Pfalz.
Schaidbach, in Oberösterreich.
Schaidbach, in Tirol.
Schaidbachertabel, in Tirol.
Schaidberg, in Salzburg.
Schaideck, 2 mal in Oberbayern.
Schaidegg, ebenda.
Schaidenberg, in Oberösterreich.
Schaidenhausen in Oberbayern.
Schaidering, ebenda.
Schaidham, 4 mal in Niederbayern.
Schaiding, in Oberösterreich n. in Oberbayern.
Schaidbach, in Oberbayern.
Schaidmoos, 2 mal in Salzburg.
Schaidmoosbichl, ebenda.
Schaidt, 2 mal in der Pfalz.
Schaidtdorf, in der Oberpfalz.
Schaitl, in Niederbayern.
Schaidtmühle, in Niederösterreich.
Scheda, Kloster-, a. der Ruhr bei Station Wickede; a. 1147 in Schetben Seibertz II, S. 63; a. 1152 Sceitha Ehrh. Reg. II, S. 32; a. 1170 ecclesia Scheidensis Seib. II, 84; a. 1174 in scheda Seib. II, 91; a. 1175 in sceide Seib. II, 95; a. 1185 in Scheida Seib. II, 122; a. 1196 Sceithenses Seib. II, 147; a. 1203 in Sceyda Seib. II, 161; a. 1219 prepositus scedensis S. II, 198; a. 1228 preposito scheydensi S. II, 232; a. 1288 in Sceyda Seib. II, 512; a. 1299 Schede Seib. II, 593.
Scheda, zw. Lenne und Ruhr, n. Iserlohn.
Scheda, s. vom Ebbegebirge.
Schede, zw. Ennepe und Ruhr.
Schedeberg, 2 mal in Schlesw.-Holstein.
Scheden, bei Münden in Hannover.
Schedenberg, in Oberbayern.
Schederaign, in Niederbayern.
Schederberg, sö. v. Meschede.
Scheedt, bei Rade vorm Wald.
Scheid, dabei Ober-, und Oberste-, zw. Agger u. Sülze bei Altenhourath.

Scheid, zwischen Agger und Bröl bei Much.
Scheid, zw. Sieg und Rhein.
Scheid, am Siebengebirge.
Scheid, an der Sieg bei Hamm.
Scheid, bei Aachen, dicht jenseit der holl. Grenze.
Scheid, zw. Prüm u. Nims.
Scheid, a. d. obersten Kill, nw. der Schneifel.
Scheid, nördl. d. Lahn b. Nassau.
Scheid, a. d. Wiehl i. Oberbergischen.
Scheid, auf dem, Bergwald zw. Alme u. Hopke n. Messinghausen.
Scheid, anfm, bei Remscheid.
Scheid, aufm, bei Elberfeld.
Scheid, aufm, bei Velbert.
Scheid, Hof n. Haus, b. Wipperfürth.
Scheid, Grofs- u. Klein-, zw. Wahn und Bröl.
Scheid, am grofsen-, am kleinen-, bei Hückeswagen.
Scheid, Nieder-, Mittel-, Ober-, zw. Sieg u. Wied.
Scheid, Ober-, Oberste-, zw. Sieg u. Rhein.
Scheid, Ober-, zw. Sieg u Wied bei Buchholz.
Scheid, Ober-, b. Mühlheim a. Ruhr.
Scheid, Ober-, Unter-, a. d. Dhün.
Scheida, 2 mal in Kärnthen.
*Scheida, a. 1143 an der Mosel Görz I, 2000.
Scheidbach, zw. Simmer- u. Hahnenbach.
Scheidchen, sw. Echternach in Luxenburg.
Scheide, in Schleswig-Holstein.
Scheide, in Pommern.
Scheide, Nord- und West-, ersteres 2 mal, letzteres 1 mal in Schleswig-Holstein.
Scheidebach, 2 mal im Königreich Sachsen.
Scheideberg, in Westpreufsen.
Scheidebaum, in Schleswig-Holst.
Scheideck, 3 mal in Oberbayern.
„ 2 mal in der Schweiz.

Scheidecker, je 1 mal in Ober- und Unterelsafs.
Scheidegg, in Bayrisch-Schwaben.
Scheideholz, b. Haarburg i. Hannov.
Scheidekathe, 7 mal in Schleswig-Holstein.
Scheidekoppel, ebenda.
Scheidekrug, 2 mal ebenda.
Scheidel, zw. Attert und Sauer in Luxenburg.
Scheidelberg, in Pommern.
Scheideldorf, in Niederösterreich.
Scheidelhöfe, in Pommern.
Scheidelwitz, in Schlesien.
Scheidemühle, in Oberhessen.
Scheidemühle, im Königr. Sachsen.
Scheiden, am w. Abhang d. Hochw.
Scheiden, an der Urft.
Scheidebach, 2 mal im Kgr. Sachsen.
Scheidenhof, in Steiermark.
Scheidens, in der Provinz Sachsen.
Scheidenthal, in Baden.
Scheidenweiler, i. Bayr.-Schwaben.
Scheidepfahl, in Schleswig-Holstein.
Scheiderbruch, a. d. Dhün b. Mühlheim a. Rhein.
Scheiderfeld, nördl. der Wupper bei Solingen.
Scheiderhöhe, zw. Agger u. Sülze bei Altenhonrath.
Scheiderhof, bei Gondorf a. Mosel.
Scheiderhof, bei Olpe a. Bigge.
Scheiderirlen, bei Solingen n. der Wupper.
Scheidermühle, an der Wupper bei Solingen.
Scheiderwald, a. Bigge bei Olpe.
Scheideweg, bei Schwelm a. d. Wupper (bei Barmen).
Scheideweg, bei Hückeswagen.
Scheidewinkel, in Schlesien.
Scheidgen, zw. Oure und Prüm.
Scheidham, 4 mal in Niederbayern.
Scheidhof, in Kurhessen bei Hersfeld.
Scheidhof, in Luxenburg.
Scheidhof, zw. Bröl u. Agger b. Much.
Scheidingen, zw. Soest und Werl, a. d. Ruhr; a. 1240 in Schedinge Seibertz II, 274; a. 1242 in Schethinge Seib. II, 284; a. 1253 in Scethingen Seib. II, 348; a. 1415 Herm. de Scheidincgon Seib. II, 642.
Scheiditz, in Sachsen-Altenburg.
Scheidlehen, in Nieder-Bayern.
Scheidmühle, bei Aachen.
Scheidmühle, in Unterfranken.
Scheidsbach, zw. Sieg u. Rhein.
Scheidsmühle, bei Saarlouis.
Scheidsöd, in Oberbayern.
Scheidt, bei Forbach in Lothringen.
Scheidt, bei Aachen.
Scheidt, bei Mühlheim a. Ruhr.
Scheidt, bei Erkelenz.
Scheidt, zw. Sieg u. Wied bei Eitorf.
Scheidt, bei Gummersbach
Scheidt, s. d. Wupper bei Bensberg.
Scheidt, a. d. Dhün.
Scheidt, zw. Agger u. Bröl b Much.
Scheidt, bei Ruppichterod.
Scheidt, bei St. Johann a. Saar; a. 1235 Scheide Görz II, No. 2197.
Scheidt, auf dem, w. Corbach in Waldeck.
Scheidt, Ober-, Unter-, dicht bei Solingen.
Scheidt, auf dem grofsen, bei Neunkirchen a. Sieg.
Scheidt, auf dem kleinen, bei Neunkirchen a. Sieg.
Scheidterberg bei Saarbrücken.
Scheidterhammer, ebenda.
Scheidterbütten, ebenda.
Scheidtermühle, ebenda.
Scheidung, in Oldenburg.
Scheidung, auf der, bei Schwelm (Barmen).
Scheidungen, Burg- und Kirch-, bei Querfurt, Prov. Sachsen.
Scheidwald, unterhalb Merzig a. Saar.
Scheidweiler, Ober- und Nieder-, ö. der Lieser.
Scheitert, im Quellgebiet des Olefbachs.
Schemscheid, a. Sieg bei Siegen.
Schid, in Oberbayern.
Schida, in Niederbayern.
Schidel, in würtembg. Donaukreis.
Schidlambach, in Oberbayern.

Schiebenscheid, der, ö. Sachsenhausen i. Waldeck.
Schied, 4 mal in Salzburg.
Schieda, in Bayrisch-Schwaben.
Schieda, auf der, 3 mal in Oberfranken.
Schieda, auf der, 1 mal in Käruthen.
Schiedbichl, in Oberbayern.
Schiedel, 3 mal im Kgr. Sachsen.
Schiedel, 3 mal in Böhmen.
Schiedelberg, in Oberösterreich.
Schiedenberg, bei Wolfach in Baden.
Schiedenhohlweg in Schleswig-Holst.
Schieder, in Lippe; 9. Jhd. Scidere, Scidirimarca, Scidrioburg = indicum marca? Förstemann, Ortsnamen S. 185.
Schiederberg, in Oberbayern.
Schiederhof, in der Oberpfalz.
Schiedhörn, 2 mal in Schleswig-Holstein.
Schiedungen, bei Erfurt (Prov. Sachsen).
Schlierschied, an der Lützelaoon, (Teil des Soonwaldes); a. 1124 Slirscheit Görz I, No. 1753; a. 1277 Sclierscheit Görz IV, No. 446.
Schlürscheid, am obern Sülzbach bei Lindlar.
Schmalscheid, links der Ruhr bei Ratingen.
Schönscheid, rechts der Ruhr bei Essen.
Schwagenscheid, zn, bei Elberfeld.
Schwallschiederhof, ö. Nastätten in Nassau; a. 1444 Schwelscheid Kehrein S. 270.
Schweinscheid, zw. Nahe u. Glan.
Sebwertscheid, bei Heinsberg, Rgbz. Aachen.
*Sconensceid, a. 816, Grenze des Prümer Waldes irgendwo in der Eifel.
Seelscheid, zw. Naaf u. Wahnbach (Agger).
*Sellescheid, a. 1288 Görz IV, No. 1520; a. der Lieser?
Sellscheid, zw. Lenne u. Volme bei Werdohl.
*Sellscheid, Unter-, Ober-, bei Velbert (Elberfeld).

Sellscheid, Unter-, Ober-, bei Wermelskirchen.
Selschede, a. d. obern Röhr (Ruhr).
Selscheid, n. d. Clerf in Luxenburg.
Selscheide, a. d. Dhün.
Sengelscheid, bei Heina in Kurhessen; a. 1222 Sengelsceith Arnold S. 345.
Sengscheid, s. vom Köllertbalerwald (Pfalz).
Sennscheid, am unteren Trierbach (Ahr).
Sichelscheid, Steinkohlenbergwerk bei Aachen.
Siebenscheid, der, s. Hirschberg, Kr. Arnsberg (Ruhr).
Sierscheidt, zw. Ahr u. Erft.
Silverscheid, am Kallbach, Nebenfl. der Rur.
Silschede, zw. Eunepe u. Ruhr, unterh. Hagen.
Singscheid, am, bei Elberfeld.
*Singescheit, Hof bei Ensheim (Pfalz); a. 1197 Beyer II. 260.
*Smalagasceit, im Qinzingowe, nö. v. Landshut in Niederbayern. a. 890 Förstem. II, S. 1350.
Sohrschied, zw. Simmer- u. Hahnenbach, am Sohrbach.
Sollscheid, zw. Sieg u. Rhein.
Sollscheid, zw. Wied u. Rhein.
Solscheid, zw. Sieg u. Wied bei Buchholz.
Sonnscheid, auch Sonnenscheid, zw. Lenne u. Volme, sw. Altena.
Soonschied, am Soonwald, w. vom Hahnenbach.
*Spirgescheid, a. 1046 in der Pfalz, Förstem. N. II, 1363, jetzt Scheid uw. Lanterburg.
Steinscheid, am obern Sulzbach bei Lindlar.
Strauscheid, ö. d. Wied.
Strickscheid, zw. Onre und Prüm.
Süchterscheid, zw. Sieg u. Wied.
Taigscheid, in Oberbayern.
Teitscheid, a. d. Dhün bei Schlebusch.
Tettscheid, ö. der Lieser; a. 1161 Texscit Beyer I, 683.
Tonscheid, bei Elberfeld.

Triepscheiderhof, s. vom Köllerthalerwald.
Trierscheid, am unteren Trierbach (Ahr).
Trittscheid, ö. der Lieser.
Überscheid, am Salmbach; a. 777 villa superior, Görz I, No. 266.
Untergschaid, in Oberösterreich.
Veischede, Kirch-, Ober-, an der Veischede, einem Zuflufs der Lenne; a. 1313 Vesche Seibertz III, S. 119; a. 1338 Veisce Seibertz III. S. 273; a. 1338 Overen veische, S. III, S. 279; a. 1420 Overen veische, S. IV, 41 gehört also nicht hierher.
Viehscheide, in Tirol.
Verscheid, ö. der Wied; a. 1436 Peter Verscheid (von Linz), Lc. IV, 221.
Vorscheid, n. Aachen.
Wahlerscheid, zw. Olef u. Rur, Oberförsterei im Hövener Forst.
Wahlscheid, a. Agger s. Honrath; a. 1166 walesceith Lc. I, 414; a. 1187 Walscheid Lc. I. 506.
Wahlscheid, zw. Sieg u. Rhein.
Wahnscheid, im Quellgebiet des Elbbachs (Westerwald); a. 1218 Arnold de Wagenscheit; a. 1243 Lukardis de Wagenscheit Beyer III, 589.
Waldscheid, in Niederbayern.
Waldscheid, bei Neufs.
Wallerscheid, zw. Agger n. Sülzbach w. Engelskirchen.
Wallschied, n. v. Köllerthalerwald.
Walscheid, bei Gummersbach; dabei der Bergwald Wahlscheidt.
Walscheid, a. Lenne s. Werdohl.
Walscheid, a. Lieser sw. v. Strohn.
Walterscheid, zw. Agger und Bröl bei Much.
Wanscheid, auch Wahnscheid, a. d. Ennepe bei Breckerfeld.
Wanscheid, Bergwald zw. Kill n. Lieser ö. Killburg.
Wartscheid, Ober-, Unter-, zw. Agger u. Sülzbach w. Engelskirchen.
Wascheid, sö. der Schneifel.
Wattenscheid, n. d. Ruhr b. Bochum; 9. Jhd. Wattenscethe Förstem. N. II, 1526; a. 1317 Watterscheyt Lc. III, 163.
Wasserscheid, in Tirol.
Wegescheid, bei Gummersbach an einer Wegscheide im Walde.
Wegscheid, bei Kirchen a. Sieg.
Wegscheid, 4 mal in Oberbayern.
Wegscheid, 3 mal in Niederbayern.
Wegscheid, 1 mal in Bayr.-Schwaben.
Wegscheid, 4 mal in Oberösterreich.
Wegscheid, 5 mal in Niederösterr.
Wegscheid, 3 mal in Salzburg.
Wegscheid, 3 mal in Steiermark.
Wegscheid, 4 mal in Tirol.
Wegscheide, in Steiermark.
Wegscheiden, 2 mal in Kärnthen.
Wegscheiden, 3 mal in Steiermark.
Wegscheiden, 1 mal in Tirol.
Wegscheider, in Böhmen.
Wegscheidhänsl, in Oberösterreich.
Wegscheidmühle, in Salzburg.
Weidscheid, Ober-, Nieder-, a. d. Ruhr bei Westhoven; a. 1385 Rntg. de Wegscheide inf. Werle. Seib. III, 637.
Wellerscheid, zw. Agger u. Bröl bei Drabenderhöh.
*Welonscedi, an der untern Rur; 9. Jhd. Lc. II, 226, 237.
Welscheid, zw. Sauer und Attert in Luxenburg.
Wennerscheid, Unter-, Ober-, zw. Bröl u. Wahn.
Werfelscheid, zw. Volme u. Ennepe.
Wernscheid, Dorf und Bergwald b. Rönsal im Oberbergischen.
Weschede, w. Attendorn a. Liester.
Westscheid, bei Herford in Westf.
Westscheide, in Schleswig-Holstein.
Wetterscheid, b. Naumburg a. Saale.
*Wickensceith, bei Wülfrath; im 11. Jhd. Lc. I, 257.
Wiescheid, nw. d. Wupper b. Solingen.
Wiescheid, a. d. obern Oure an der Schneifel.
Wiescheid, zw. Wahn u. Bröl.
Wiescheiderhof, a. d. obersten Erft s. Münstereifel.
Wiesemscheid, am untern Trierbach (Ahr).

Willerscheid, auf der Höhe zw. Erft u. Ahr.
Willscheid, zw. Wied u. Rhein.
Willscheid, a. Trierbach (Zufluss der Olef).
Wilscheiderhof, zw. Saar u. Prims ö. Merzig.
Wilwerscheid, n. d. Alf (Eifel).
Windschieder Forsthaus, in der Pfalz.
Winterscheid, ö. der Schneifel; a. 1131 Winterskeit Günther I, 211; a. 1370 Heinrich de Wynterscheid, Lc. III, 705.
Winterscheid, zw. Bröl n. Sieg.
Winterscheid, in Hessen; a. 1265 Wintersceith; Arnold S. 344.
*Winterscheid, ebenda; Arnold S. 344.
Wirscheid, am Saynbach.
*Wispelscheid, a. d. Üsn; a. 1335 Günther III, S. 329; a. 1347 Günther III, 496.
Wittscheid, a. d. obern Rur, zw. Nideggen u. Heimbach; a. 887 schon ebenso.
Wittscheid, sw. Schleiden a. Olefbach.
Wollmerschied, a. d. Wisper (Nassau); 14. Jhd. Wollmerscheid, Kehrein 291.
Wollscheid, a. d. Brolquellen (Vordereifel.
Wömerscheiderbach, Zufluss des Kallbachs (Rur).
Worbscheid, Nieder-, Ober-, s. v. Ebbegebirge.
Wüllscheid, am Siebengebirge.
Wüscheid, ö. der Wied.
Wurthscheid, zw. Agger u. Sülzbach, w. Engelskirchen.
*Wyssirscheid, Wald bei Jülich a. 1237; Lc. II, 225.
Zendscheid, rechts der Kill; a. 1036 Cindsceibt, Görz I, Nr. 1256.
Zimmerscbied, n. d. Lahn in Nassau.
Zingscheid, am Priefbach (Olefbach); a. 1130 Cinescheid Lc. I, 308.
Zweifelscheid, zw. Oure u. Prüm.

Flurnamen.

Abscheid, im Amte Nassau a. Lahn.
Altscheid, im A. Haigerseelbach (Dillenburg).
Altscheid, im A. Niederscheld (Dillenburg).
Anscheid, im A. Weilburg.
Aulenscheid, Waldort in Kurhessen.
Backenscheid, bei Hadamar.
Balterscheid, in Kurhessen.
Bergscheid, im A. Nassau.
Bergscheid, im A. Diez.
Bergenscheid, im A. Diez.
*Bergoscheid, bei Linz; a. 1293 Görz IV, 2229.
Betzelscheid, bei Nastätten.
Blattscheide, in Kurhessen.
*Blogscheyt, ein Haus in Carden a. Mosel; a. 1282 Görz IV, No. 1005.
Boddinscheid, in Kurhessen bei Altenlosheim Arnold S. 345.
Bottscheid, zw. Mogendorf u. Vielbach im Westerwald.
Bornscheid, bei Weilburg a. Lahn
Breitscheid, bei Dillenburg.
Breitscheid, bei Marienberg (Westerwald).
Breitscheid, bei Rennerod (Westerwald).
Breitscheid, bei Wehen (Taunus).
Breitscheid, bei Ems a. Lahn.
Dickescheit, in Kurhessen.
Dickscheid, bei Walmerod im Westerwald.
Dollscheid, Ober-, Unter-, bei Wehen (Taunus).
Dorscheid, bei Walmerod.
Dünnelscheid, bei Walmerod.
Dünnscheid, bei Walmerod.
Enderscheid, bei Runkel a. Lahn.
Erbacherscheid, bei Idstein.
Eschenscheid, bei Diez a. Lahn.
Florscheid, bei Weilburg.
Flurscheid, 6 mal in Nassau.
Flurscheide, 1 mal in Kurhessen.
Flurscheide, 2 mal in Nassau.
Gäbescheid, bei Dillenburg.

Gartenscheid, bei Herborn.
Gierscheid, bei Weilburg.
Grauscheid, bei Herborn.
Grünscheid, bei Herborn.
Habscheid, in Kurhessen.
Hahnscheid, bei Runkel.
Hamscheid, bei Herborn.
Hemscheid, bei Walmerod.
Herschied, bei Rüdesheim im Rheingau.
Hillscheid, bei Selters (Westerwald).
Himscheid, bei Dillenburg.
Hinterscheid, bei Braubach a. Rhein.
Hinterscheid, bei Wehen (Taunus).
Hochscheid, bei Rennerod.
Hochscheid, bei Usingen (Nassau).
Höhscheid, bei Walmerod.
Hohenhahnscheid, bei Ramerod.
Hohenscheid, bei Walmerod.
Hübnerscheid, bei Diez.
Hünscheid, in Kurhessen.
Hunscheid, bei Herborn.
Kammerscheid, 2 mal bei Marienberg im Westerwald.
Kirscheid, bei Rennerod.
Kronscheid, 2 mal bei Herborn.
Langscheid, bei Weilburg.
Langscheide, bei Friedberg i. Wetterau.
Langschied, 3 mal in Nassau.
Leisescheid, bei Dillenburg.
Lichtescheid, in Kurhessen.
Liftscheid, bei Walmerod.
Lindenscheid, 2 mal in Nassau.
Lindenscheid, das, in Kurhessen.
Lindenschied, bei Wehen.
Markscheid, bei Hachenburg.
Meisengesceid, bei Fulda im 10. Jhd. Förstem. N. II, 1053.
Molberscheid, 3 mal bei Rennerod.
Mühlscheid, bei Montabaur.
Muscheid, bei Rennerod.
Muttscheid, 2 mal bei Rennerod.
Nachtscheid, bei Wehen.
Nauscheid, 3 mal in Nassau.
Niederscheid, bei Walmerod.
Oberscheid, bei Walmerod.
*Oderichesscheit, w. v. Weifsenburg (Pfalz) schon a. 967 Wüstung. Förstem. N. II, 151.

Ramscheid, Nieder-, an der Wisper (Nassau).
Rauhscheid, bei Marienberg (Westw.).
Reiescheid, bei Montabaur.
Robscheid, bei Runkel a. Lahn.
Rothescheid, in Kurhessen.
Rothscheid, bei Nassau a. Lahn.
Rückerscheid, bei Herborn.
Röhlscheid, bei Hadamar.
*Rumischeit, bei Königswinter; a. 1291 Görz IV, 1847.
Scheid, der oder das, etwa 10 mal in Kurhessen.
Scheid, aufm, etwa 70 mal in Nassau.
Scheidbitz, bei Walmerod.
Scheidchen, bei Montabaur.
Scheidcheswald, bei Weilburg.
Scheidelbaum, bei Dillenburg.
Scheiderfeld, 2 mal in Nassau.
Scheiderlei, bei Wehen.
Scheiderloch bei Wehen.
Scheidersrech, bei Langenschwalbach.
Scheiderwald, bei Wehen.
Scheiderweg, bei Weilburg.
Scheidfeld, 8 mal in Nassau.
Scheidfeld in Kurhessen.
Scheidfurt, bei Walmerod.
Scheidgehege in Kurhessen.
Scheidgarten, bei Dillenburg.
Scheidgraben, 4 mal in Nassau.
Scheidgraben, in Hessen.
Scheidheck, 2 mal in Nassau.
Scheidheg, bei Dillenburg.
Scheidhölzchen, b. Selters (Westw.)
Scheidingen, bei Marienberg (Westw).
Scheidlach, bei Höchst (Main).
Scheidmauer, 2 mal in Nassau.
Scheidsberg, bei Weilburg.
Scheidsbergerfeld, b. Montabaur.
Scheidsborn, bei Montabaur.
Scheidsbeck, bei Selters (Westerw.).
Scheidseifen, bei Montabaur.
Scheidsoit, bei Herborn.
Scheidskopf, 2 mal in Nassau.
Scheidswies, bei Selters (Westerw.).
Scheidwasser, bei Dillenburg.
Scheidweg, 4 mal in Nassau.
Scheidwies, 3 mal in Nassau.
Schimmelscheidchen, b. Rennerod.

Schimmerscheid, bei Dillenburg.
Schmidtscheid, bei Diez a. Lahn.
Seelbachscheid, bei Dillenburg.
Selterserscheid, bei Oberselters (Taunus).
Sengscheid, bei Langenschwalbach.
*Tegensceit, bei Rheinbach (Bonn); a. 983 Beyer I, 175.
Weidscheid, bei St. Goarhausen.

Weinscheid, b. Marienberg(Westerw).
Weiperscheid, bei Herborn.
Wernscheid, bei Herborn,
Wetzelscheid, bei Rennerod.
Willmerschied, bei Rüdesheim.
Wilscheid, b. Marienberg (Westerw).
Windscheid, b. Weilburg a. Lahn.
Zollschied, bei Nastätten (Nassau).

Namen auf -auel, ohl.

Ahlen, a. d. obern Sülze.
Auel, Dorf bei Siegburg.
Auel, Gut ebenda.
Auel, Weiler und Mühle ebenda.
*Auel, auch Aul bei Oberlahnstein; a. 1358 Auwyl, jetzt die Abler Hütte; Kehrein S. 164.
Auel, Dorf bei St. Goarshausen bei Lierscheid.
Auel, a. d. obern Oure.
Auel, a. d. Kill, westl. Hillesheim.
Auel, Ober-, Mittel-, Unter-, b. Mühlheim a. Rhein.
Auelerhof, bei Oberscheid a. Agger.
Auelsbach, bei Lobmar a. Agger.
Auelshof, südl. von Auelerhof.
Auelshof, bei Siegburg.
Aüelchen, Haus ebenda.
Aüelchen, a. d. Agger b. Altenhonrat.
Aüeleu, Weiler bei Siegburg.
Aulbach, Zufl. d. Kill bei Speicher.
Aulgasse, n. v. Siegburg.
Aull, a. Lahn gegenüber Oranienstein; a. 1710 Aël, früher Ouvele, Auvele Kehrein S. 164.
Aulsheck, Hof bei Siegburg.
Bamenohl, a. d. Wenne bei Finnentrop; a. 1379 Babenole et de carte Oenerenbabenole Seib. II, S. 603.
Benolpe, b. Drolshagen a. d. Quellen der Bigge u. Agger.
Benolpe, am Silberbach (Lenne).
Binollen, a. Hönne, Anton de Binole a. 1233 Seibertz II, S. 259.
Blessenohl, an der Wenne.
Bolzenauel, an der Urft.

Bourauel, a. d. untersten Sieg.
*Bredenole, bei Iserlohn; a. 1072 Pretinhole Seibertz II, S, 33; a. 1101/31 Brediuole Seib. II, S. 66; a. c. 1300 Breydenole Seib. II, S. 628.
Brunohl, Hof bei Gummersbach.
Büttgenauel, oder Bülgenauel, an der untersten Sieg.
Crummenohl, bei Gummersbach.
*Degeranauale, a. 893 bei Kesslingen a. Ahr Beyer I, Nr. 135.
Dornauelsmühle, a. d. obern Oure.
*Einole, bei Plettenberg a. Lenne; a. 1300 Seibertz II, S. 601.
Eulach, bei Winterthur i. d. Schweiz alt Olache; Müllenhoff, Altert. II, 231.
Eschaulerhof, a. d. obern Rur; a. 1361 die Eschauwel Lc. III, 621.
Eschenohl, Sägemühle b. Plettenberg a. Lenne.
Falkenauel, au der obern Oure bei Preischeid.
Finkenauel, a. d. Urft.
Freienohl, a. Ruhr zw. Arnsberg u. Meschede; a. 1348 in vryenole Seib. III, 524; a. 1364 to dem frienoble Seib. III, S. 493.
Habersauel, a. d. obern Rur.
Haus Auel, a. d. Agger, unterhalb Altenhonrath.
Haus Ohle, ö. Schwerte a. d. Ruhr.
Hof Olpe, am Silberbach (Lenne) bei Benolpe.
Ingersaulerhof, am Naafbach (Agger) bei Seelscheid.
Kirchefohl, a. d. Bigge bei Olpe.

Krebsauel, a. d. Agger unterh. Altenhonrath.
Krummenauel, a. d. Urft.
Langenohl a. d. Bigge; a. 1272 Hermannus de Langenohle Seib. II, S. 440; a. 1282 Godefridus de Langenole Seib. III, 110; c. a. 1300 Herm. de Langenhole Seib. III, 110.
Langenohl, oso. v. Meinerzhagen am Ebbegebirge.
Lascheidsauelsmühle, a. d. obern Oure.
Leiterauel, a. d. obern Rur.
*Lenol, bei Arnsberg a. Ruhr; a. 1193 in Lenole Seib. II, 140; a. 1231 in Lenole Seib. II, S. 245.
Liensenoul, Hof westl. der Volme ö. Halver.
Liesternohl, an der Mündung des Liesterbachs in die Bigge; c. 1300 Listernole, Seib. II, 601; Lysternole, Seib. II, 601.
Mauel, a. d. Sieg bei Rossbach.
Mauel, an der Prüm.
Mauel, an der Urft bei Gemünd, früher „zum Auwel."
Mausauel, ein Berg bei Nideggen a. Rur.
Morsauel, auch Morsbachauel, an der obern Rur.
Oberauel, Dorf an der untersten Sieg.
Ölberg, Berg im Siebengebirge.
Öldorf, Dorf a. d. obern Sülze.
Ohl, an der Volme ö. Halver.
Ohl, bei Gummersbach.
Ohl, an der Agger, unterhalb Ründeroth.
Ohl, an der Agger, unterhalb Engelskirchen.
Ohl, an der Wiehl.
Ohl, an der obern Sülze, n. Lindlar.
Ohl, am, an der obersten Agger bei Neustadt.

*Ole, an der Lenne bei Neuenrade; a. 1193 Wilh. de Ole, Seib. II, 142; c. 1300 in parochia de Ole, Seib. II, S. 601; c. 1300 curtis „ten ole" Seib. II, S. 601.
*Ole, Hof bei Arnsberg; a. 1348 de Ole Seib. II, 527.
Olef, Bach u. Ort bei Schleiden.
Olewig, Bach bei Trier; alt Olevia, Olivia.
Olfen, Ober-, Nieder-, Dörfer bei Altenkirchen.
Olpe, Stadt an der Bigge, so schon 1280. Seibertz II, S. 475.
Olpe, Rittergut, sw. Wipperfürth.
Olpe, Hof bei Lüttringhausen, Kr. Lennep.
Olpe, Dorf südl. v. Freienohl a. Ruhr.
Olpe, Bach bei Neukirchen in Waldeck.
Ramsauel, a. d. obern Agger.
Recher Auel, a. d. Ahr.
Rommelsohl, a. d. obern Agger.
Rosauel, a. d. Agger unterhalb Altenhonrath.
Rummenohl, a. Volme unterhalb Dahl.
Schneppenohl, a. Bigge.
Schwammenauel, a. d. obern Rur.
Seifenauel, ebenda.
Turnisauel, a. d. Agger, unterhalb Overath.
Ulf, Bach in der Wetterau ahd. Olaffa, Oloffa, Olfe, Müllenh. Altert. II, 231.
Urmauel, a. d. Prüm.
Weickenohl, a. Bigge.
Weidenauel, a. d. obern Rur.
Werdohle, a. Lenne; a. 1101 Veerhol Seib. II, S. 41; a. 1120 Werthol Seib. II, S. 47.
Wintersohle, südl. v. vorigen; a. 1394 Rutger Haner, anders genannt von Wyntersoll; myn sloss Wyntersoll Lc. III, 998; also zu sol, sul = lache.

Die Wanderung der Ampsivarier.

Die Rheinlande seit 600 n. Chr.